U0923257

吃·成·科·学·家

发现味觉

[德] 安珂·莱茨根 著 [德] 丽萨·里纳曼 绘 李强实 译

译林出版社

目录

前言

1 为什么你会觉得它好吃?

下面你学到的知识有：至今仍在发挥作用的原始本能；引起食欲的“诡计”；创新的灵感。

2 买菜有什么学问？

下面你学到的知识有：采买时需要知道的事情。

3 好厨房长什么样？

下面你学到的知识有：工具和储备，并利用它们快速烹煮食物。

4 做饭好比做实验？

下面你学到的知识有：厨房里的化学知识。

5 你能用它做成什么菜？

下面你学到的知识有：像变戏法一样用相同的配料做出不同的美食。

6 今天吃什么？

下面你学到的知识有：让人心情大好的菜谱——首先是烹饪时心情好，其次是享用时心情好。

7 怎样变成厨艺高手？

下面你学到的知识有：从简单的开始练起，入门知识有最实际的帮助。

| 前 言 |

我的厨房秘籍

这一页是本书的使用指南。我向你保证，它非常值得一读！

采 买 >> 没有好的原料，就做不出美味的食物。那么家里应该常备哪些原料呢？人们在采买原料的同时该怎么保护环境呢？在本书的第2章和第3章你将找到一些重要的建议。比如，为了能随时烹调出美味，人们应怎样更好地储备食材。

第48页

开 始 >> 如果你等不及读完这本书就想要开始动手，请翻到第5章。这涉及两个方面。第一，用同样的食材烹调出不同的菜肴；第二，人们为此应该具有的相关技艺。在平底锅里煎过的胡萝卜口感软糯，与众不同。“入门知识”那里可以找到一些额外的实用建议，它们会让烹饪更加简单。首先说一下两个最重要的建议。先看一遍完整的菜谱，这样你能大致了解所有要做的事。同样重要的是，留意所有边上标注“小心：非常烫！”的地方。

第69页

第131页

例如，第65页

了解更多 >> 如果了解了一些科学知识的话，做饭其实非常简单。例如，为什么面包经过烘烤后口感会大不一样呢？或者，为什么油和醋不能相溶？如何巧妙地利用这一点调出美味的沙拉酱呢？与诸如此类重要问题相关的答案，你都能在厨房实验室中找到。

从57页开始

更多可能 >> 在第6章有些难度较大的菜谱。这一章会逐步讲解巧克力蛋糕、披萨，以及油煎肉饼的制作方法。在左侧书页页眉处你也会看到一些说明，这些说明会提供一些重要的信息：

从第92页开始

---准备时间多长？（最多一小时后菜就能上桌了。）

---最难的是什么？（=很简单 // =简单，但要有点耐心 // =简单，但要留神！）

---里面有什么？（“纯素”意味着只含有植物 //“泛素食”意味着里面除了植物外，还含有奶制品 //“无麸质”则意味着不含小麦、黑麦、斯卑尔脱小麦和燕麦。）

应急良方 >> 如果原料剩下了，怎么办呢？没关系！打一个鸡蛋！

第55页

试着把甜的和咸的东西混在一起，再掺上鲜的。
或者试试苦的东西配酸的。
哪种味道更好？
哪种压根就不行。

咸的

苦的

鲜的

酸的

甜的

苦味和甜味搭不搭？

在这个实验里，我们来尝试混合各种口味的东西。准备五个大玻璃器皿，分别盛放五种味道的物品。

苦味=150毫升新鲜葡萄柚汁兑100毫升水。

甜味=两茶匙糖加250毫升水。

咸味=一茶匙盐加250毫升水。

酸味=一饭匙醋（5%）兑250毫升水。

鲜味=四个熟透的大番茄用搅拌器打成泥，然后用滤网过滤，把汁滤到玻璃杯中。

然后准备一些小玻璃器皿和五把茶匙（每种物品配一个）。这样你就可以开始在混合中寻找乐趣了。

微型味觉学校

甜、酸、咸、苦、鲜……这里会告诉你味觉是怎么起作用的。
为什么孩子都是美食家呢？你会在这里找到答案。

个人的口味问题>> 某个人喜欢的东西，别人可能觉得并不美味。原因就在于，味觉和嗅觉是我们最私人的感觉。所有人的感觉都不一样，甚至年龄也起到一定作用：儿童的味觉神经比成年人更灵敏。并且，令人愉悦只是味觉的次要作用。事实上，品尝的过程是人在检验营养物的品质以及寻找身体所需要的物质。如果身体急需某些东西，那么舌头就会告诉你。

嘴馋>> 不管你是否对黄油面包配番茄有极大兴趣，也不管你是否因为闻到新鲜草莓的诱人香味而垂涎三尺，这一切都表明，你的身体正给你某些暗示。比如说，缺乏矿物质会增加人们对咸的食物的兴趣。当维生素缺乏时，人们会更喜欢吃水果和沙拉。对于正处于发育期的儿童来说，很好地品尝出有利于他们身体发育的食物是一个不小的挑战。不过，人们也必须明白，这种味觉的查验方法只对天然食物有效。对某种口味口香糖的喜爱并不能告诉你，你的身体将会因此变得特别健康和强壮。

鲜味及其他味道>> 当你吃天然的、新鲜的食物时，可以完全信任你的味觉。就像导航能指明道路一样，你的味觉会在大量食物中精准地找出最适合你的食物来。与通过“东、南、西、北”定位的导航不同，这里掌管“方向”的是五种味道。其中四种你一定早就知道了：甜、酸、咸、苦。鲜味是一种很难形容的味道。狭义的鲜味指的是味精的主要成分——谷氨酸钠，它是由日本科学家发现的。你可能早就听人这样说过：“哎哟哟哟，这实在是太鲜了！”你也可能尝过这种味道。它就是让肉汁特别美味的奥秘所在。或者说，鲜味就是番茄酱、帕尔马干酪以及浓汤中最有风味的部分。所以人们通常将鲜味等同于肥美或者香味浓郁。

糖和番茄放在一起好吃吗？

如果是，那么稍带苦味的巧克力和番茄也相配吗？试着把熟悉的和陌生的口味组合在一起。随兴趣和心情把土豆、番茄和香蕉同上图中九种不同口味的食材随意搭配。也可以尝试一下疯狂的搭配，比如把土豆和融化的巧克力、盐以及胡椒粉混合在一起。

人们能品尝出
一个人做菜时是否用心吗？

舌头上的味蕾>> 请问，我们是从哪里知道食物的味道的呢？答案就在我们的舌头上。那上面大概有10000个味蕾，它们依靠神经纤维和大脑相联系。只要有微小的食物碎块经过，它们便能立刻做出反应，然后把信息直接传递给大脑。正如前文所说，不管有多少个味蕾，我们也只能分辨五种粗略的味道。品尝食物味道的精细工作其实是由鼻子来完成的（更多内容请参见第10页）。

用鼻子来品味>> 除了甜、酸、苦、咸、鲜这五种味道，你还知道哪些味道？一旦鼻子参与品尝味道，味道的种类就会骤增。然而正如前文所言，每个人所尝到的味道都会有点不一样。比如，我们照着第6章的菜谱做了几道菜，结果每个人都品尝出了很不一样的东西。尽管如此，我们最终还是在一些概念上达成了一致：甜、酸、果香味、新鲜、带纤维的、青草味、花香味、土腥味、肉质肥美、乳酪般的、烧烤味、咸、带香料的、油腻的、有硫磺味的、肥皂般滑腻的以及苦。至于我们到底尝了哪些食物，以及如何品尝的，你可以去第6章看看。

训练味觉>> 当你照着菜谱做菜的时候，可以比较一下我们之间味觉的异同，也许你会得到很不一样的结果。不管你觉得接骨木果糖浆是甜甜的带有果香味的，还是花香味的酸甜口味的，这都没关系。重要的是，你知道怎样让它更美味可口。你是喜欢它更甜一点（加糖）呢，还是果香味更浓一点（加柠檬）？或者花香味更浓一点（加接骨木花）？当你了解这一切的时候，就可以随意修改菜谱，让它完美地契合你的口味。下一页有一些味觉游戏，在这些游戏中你会尝试一些不常见的口味组合，这能够训练你的想象力。“香蕉撒上点胡椒粉味道会怎么样？要是再滴上几滴柠檬汁呢？”当你头脑中冒出这些鬼点子，并且尝试去做的时候，就已经走在创造之路上了！

把厨房变成游乐场

我们可以用食物来做游戏吗？某些情况下是可以的！
这里有 22 个金点子等你来尝试！

用三种不同的
方法削土豆皮。

□

想出一种新的沙拉酱。

□

将橄榄油冻成方形小块。
先用嘴嘬一下，
然后放在蔬菜汤中化开。

□

用鼻子闻一闻
你最喜欢的食物以及
你不那么喜欢的食物。

□

用水果和蔬菜摆成一件
艺术品，然后吃掉它。

□

请比较一下，冻成块的冰
和融化的冰味道有什么不同。

□

两个人一起吃：
两个人互相喂食。

□

学做你最喜爱的菜。

□

做一杯苹果皮
（未喷洒农药的）茶。

□

收集五种好闻的以及
五种不好闻的气味，
分别列一个清单。

□

做一个带有菌菇味的菜，
但不用菌菇。

□

专门为某个人烤一些糕点，
让他/她开心。

□

用长在地下的蔬菜和长在
地上的蔬菜一起做一道菜。

□

把香草味的布丁放进
涂着蛋黄酱的玻璃杯中，
然后当着大家的面吃光。

□

反复咀嚼一块面包，
直到嘴里感觉有甜味。

□

问问你的爷爷奶奶，
他们在你这么大的时候
喜欢吃什么。

□

在甜点上撒点盐。

□

在餐桌下野餐。

□

尝试一种你从未吃过的蔬菜，
详细记录下它的口味。

□

尝试一下你能想到的各种
奇怪的口味组合。

□

自己一个人吃顿大餐。

□

烤一个穆弗拉尼披萨，
做一份穆卡拉尼酱。
（我们也不知道这些到底
是什么东西……）

□

1. 为什么你会觉得它好吃？

超市里面售卖的东西，从牛肉到生菜，每一样都是有讲究的。在本章你能了解到一些食品加工业的秘密，同时也可以亲自拿食物做一些小实验。

为什么嗅觉对味觉如此重要？

秘诀1：香味!

闻起来香喷喷的食物，让人食欲大增。

这不仅适用于散发着诱人香味的草莓，也适用于甜丝丝的口香糖。

毫不奇怪，甜食的气味是如此沁人心脾。难道不是吗?

小窍门：炒洋葱的香味会把你们都吸引到厨房里去。接着，你就可以立马摆好餐具了。

舌头不能分辨李子和油桃的味道。幸运的是，我们还有个鼻子！

人的舌头可以分辨甜、咸、酸、苦和鲜这五种味道。

但只能大致区分一下。尽管如此，我们依然能够感受到味道的细微差别，其原因就在于鼻子。当我们享用食物时，气味分子会源源不断地通过咽喉后端，从口腔扩散到鼻腔中。在这里它们会遇到鼻腔中的嗅觉感受器，嗅觉感受器又会和舌头上的味蕾相互合作。这样我们才能最终分辨出多种多样的味道。

通往大脑的小型旅行：

人们分辨各种气味的能力很强。比如，当某个人奶奶的香水味飘进他的鼻孔时，他的大脑会立即通报："奶奶来了！"或者"今天有苹果派哟！"相比其他那些人们必须牢记但会不断忘记的东西，这种显著的分辨能力让人瞠目结舌。为什么会这样？因为气味被以一种不同于其他信息的方式保存在了人的大脑中。

应对难闻的气味只有一种方法：捂住鼻子。

几乎所有感觉都必须首先经过丘脑。大脑中的这一控制中心裁决着信息的有趣程度，衡量它是否达到了能让人感知它的水平。许多信息都太无聊了，所以人们会选择视而不见或者听而不闻。但为什么闻气味时不会这样呢？纯属失误！因为人们在嗅闻时，绝大多数信息会未经筛选直接传递到大脑边缘系统。在那里除了气味，人的感受也会被储存在大脑中（它们被储存在同一个位置上），然后它们会立即结合在一块。所以，有人闻到烤炉中披萨的香味就会感到愉悦，也就不足为奇了。披萨的香味唤醒了他和朋友们一块吃披萨时的快乐记忆，让他立即再次拥有了愉快的心情。

还有一个建议：*请在享用食物时有意识地大声咀嚼。这么做纯粹出于研究的目的。这样食物给人的感觉会更强烈，因为更多气味分子会扩散到鼻子中。所以，在很多文化中，大声咀嚼也属于饮食文化的一部分。*

你需要:

若干带有螺旋盖的小玻璃瓶，一些气味样本（相关内容可以参照第5页）

厨房小实验: 通过残留在脑海中的气味记忆，你可以向朋友的鼻子发起挑战。把带有不同气味的物体放在一块，让他们来闻。你觉得图片所示的样品能够组合产生哪几种气味？答案：芝麻菜+绿色番茄梗（青草味），柠檬皮+姜（清新味），烘烤过的面包碎+芝麻（烧烤味），香草+香草糖（花香味）。

覆盆子红、菠菜绿、芥末黄，
为什么我们恰恰觉得红色的东西
最美味呢？

秘诀2：颜色！

红色的食物会让我们垂涎三尺。

所以一袋小熊糖里会有很多红色小熊，它们的数量和其他颜色的小熊加起来一样多。

为什么只有少量的绿色小熊呢？这自然是有原因的。

翻到下一页就知道了！

红色会让我们想到甜甜的、熟透了的水果。这些我们都爱吃。只是为什么绿色的新鲜莴苣没这么诱人呢？

芹菜，呸呸呸呸呸！菠菜，咦咦咦咦咦！还有苦菊呢？还是算了吧！

你是否有一段时间不怎么喜欢吃绿色的东西呢？或者，你一直都是这样？为什么儿童往往不喜欢吃绿色的蔬菜呢？科学家解释道，当人类还生活在洞穴中时，对于他们来说，避免吃到有毒的食物是生死攸关的大事。所以，他们要学会区分有毒的和无毒的植物。对于早期的洞穴居民来说，这自然是非常困难的。他们需要一次次不断尝试。所以，自然赋予了他们一项技能，那就是儿童不会把任何绿色的东西往嘴里塞，这成为儿童的一种本能。这也让他们相信，绿色的食物不好吃。

厌烦绿色蔬菜的阶段终究会过去的。

过去意义重大的保护机制，可惜现在常常引发人们在午餐时的紧张情绪。一旦你遭遇到这种情况，你应当向爸爸妈妈解释清楚事情的缘由。并且最好也立即告诉他们，对所有绿色食物的厌恶会慢慢消失的。你迟早会喜欢吃西兰花等蔬菜的，但现在，这可能难以想象。

黄色的食物尝起来怎么样呢？

当“我不喜欢吃绿色的食物”这个阶段消失以后，你依然有可能被黄色的食物所困扰。一项研究的参与者十分确信，黄色果冻是菠萝味的，而事实上它是橘味的。不相信这会发生在你身上？那就亲自来验证一下吧！你可以通过下一页的神奇小实验测验一下，看看颜色是怎么影响人的味觉的。

还有一个建议：*如果你觉得某些东西并不是那么可口，可以试试将它倒在另一种颜色的盘子里，并再次品尝一下。因为餐具的颜色也会影响人们对美味的感知。*

你需要:

若干玻璃杯，无色汽水，不同的食用色素，几个小伙伴

厨房小实验: 把无色汽水分别倒入多个玻璃杯中。接着滴几滴不同的食用色素到汽水中，让它们染上不同的颜色。因为色素是没有味道的，所以这些饮料尝起来都是一样的。但你不能透露这个秘密。请向你的朋友提两个问题：这些饮料尝起来是什么味的？哪一种特别可口呢？

鱼与炸鱼排的对决。
为什么我们喜欢吃的食物，
许多都是四边形呢？

秘诀3：形状！

躺在餐盘里的食物，得看起来尽可能无害。

谁愿意对食物产生恐惧心理呢？一块炸鱼排肯定不会瞪着眼睛看我们。

除此以外，还有很重要的一点，四四方方的鱼肉块更容易堆放在冷柜中。

承认吧！人们不喜欢听到这句话："眼大肚子小！"只是有些东西看起来真的非常诱人……

我真想一口吞掉你！

我们人类很容易被视觉所引诱，食品加工业的人自然对此心知肚明。所以，肉就被加工成了娇小玲珑的小熊香肠，巧克力也被加工成复活节兔子的形状。每次去超市，人们会立刻发现，大多数食品的外观都与它们最初原料的外观不太一致了。它们要么被做成了酱，要么被碾压后重新塑形，比如说，一条鱼就被加工成了鱼肉块。

一举两得

一方面，鱼肉块的外形如此抽象，以至于人们看到它根本就不会联想到鱼（也正是出于这个原因，很多不喜欢吃鱼的人也会吃鱼肉块）。另一方面，所有方方正正的物体都非常节约空间，并且便于运输。因此许多食品都是四边形的也就不足为奇了，难道不是吗？

你的餐盘中有多少天然食品呢？

食品外观的陌生化也有一些弊端：许多人觉得市场上那些品质纯正的、新鲜采摘的果蔬脏脏的，让人提不起食欲。你特别喜欢吃的东西是什么样子的呢？它们都像苹果那样天然吗？或者你更喜欢吃一些自己做的食物，比如说煎饼？或者你更喜欢购买那些已经加工好的人造食品，比如薯片或者糖果？

还有一个建议：*食物看起来美不美味，同样也取决于包装。把这一条事实运用到你的烹饪成果中去：将餐桌布置得非常漂亮，食物要摆放得让人很有食欲。你一定会收获很多对你厨艺的惊叹和赞美之词。快试一下吧！*

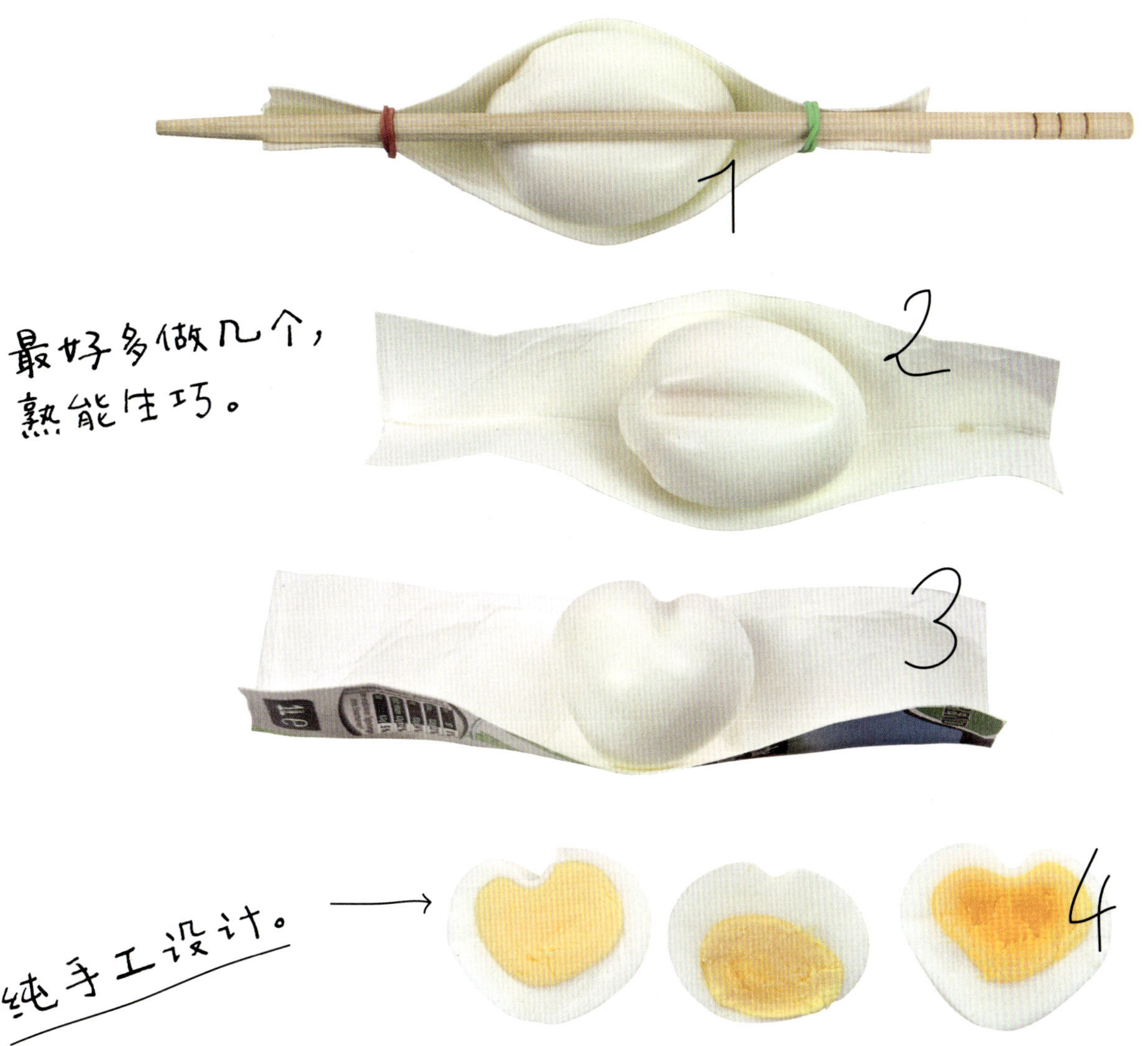

你需要：

一个鸡蛋，盛有水的锅，一个牛奶包装盒，一根筷子，两根橡皮筋，锥子

厨房小实验： 怎样把煮得硬邦邦的鸡蛋变成心形呢？在鸡蛋壳两端分别用锥子戳一些小洞，这样鸡蛋壳就不会煮破。煮大概6—7分钟，时间不要过长，这样蛋黄会一直保持可塑性。趁热剥掉蛋壳，然后立即将鸡蛋放到牛奶盒的一个棱角中。将筷子横放，小心地压向鸡蛋，按图1所示用橡皮筋固定。然后将其放入冰箱中冷藏20分钟。紧接着按图2及图3所示将鸡蛋拆出来，并按图4所示切成两半。鸡蛋爱心给最心爱的人！

口腔中的感觉和味觉有什么关系呢？

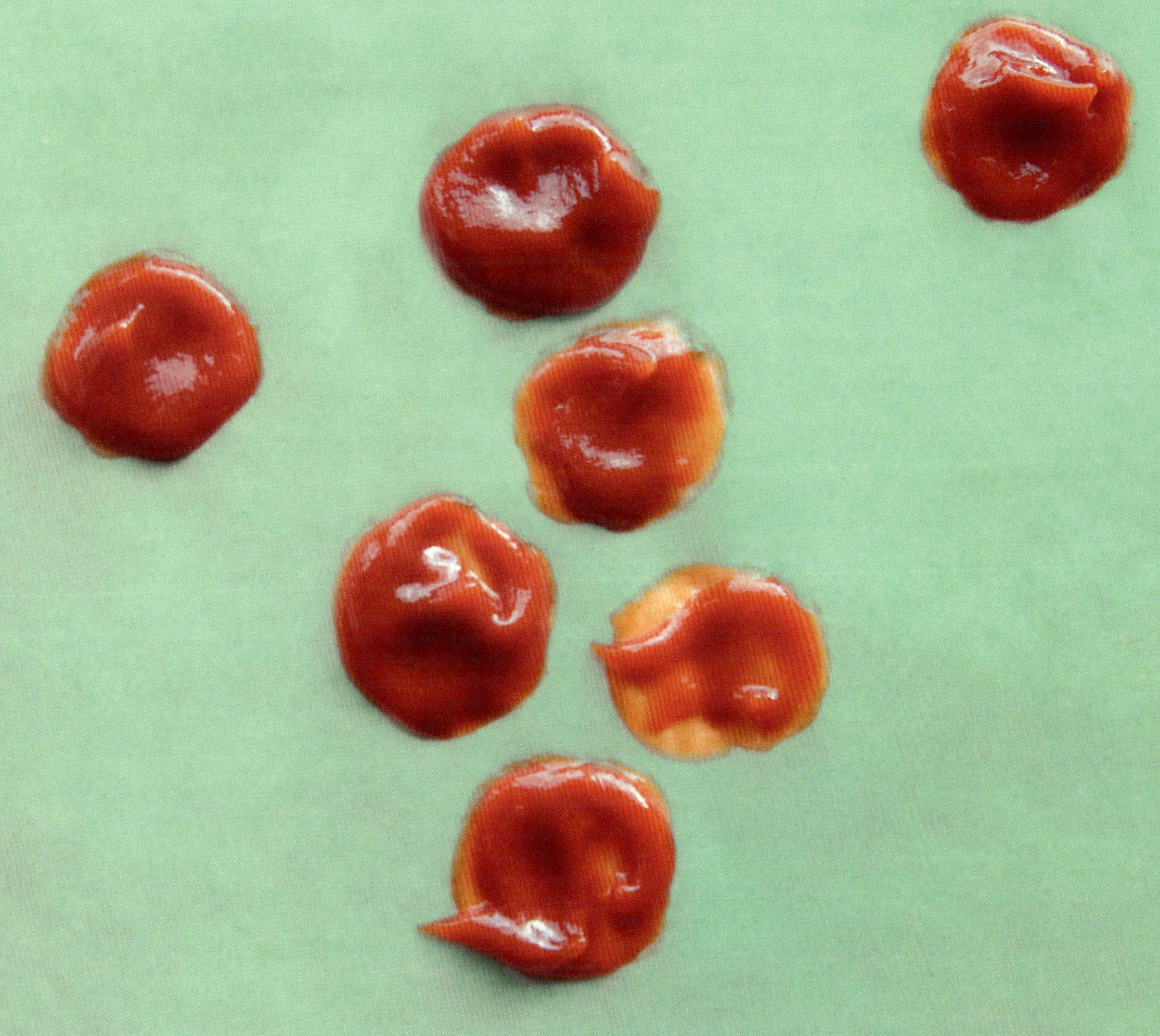

秘诀4：感觉！

那些不喜欢番茄的人，却觉得调味沙司很美味！为什么呢？
这是因为嘴巴喜欢番茄沙司的口感！除此之外，它还特别甜。
这一切都会让人联想到婴儿食品，从而让人觉得安心。
想要知道做成酱的食物还能做什么，就请翻到下面几页吧！

不只是气味、颜色和形状关乎饮食的乐趣，舌头和上颚的感觉也至关重要！

人们喜欢自己熟悉的食物。

小孩子的口味偏好很简单：他们只喜欢自己熟悉的食物。我们初到人世的第一口食物是流质的，随后才是非常精细的半流质食物。哼，里面要是掺杂着一些微小的胡萝卜丁，一到嘴里小孩子就马上用舌头把它们顶出来！随着时光流逝，这种情况便不会再发生，食物泥不那么精细了，但小孩子也还是很乐意吃。或者更准确地说，吃东西时，稍微有一点阻力会让人咀嚼得更起劲。人们一旦习惯了这种感觉后，就会觉得这样的食物更好吃。

做成泥还是不做成泥？这也是个偏好问题！

婴儿基本都喜欢半流质的食物，这种情况稍后会发生改变。只要食物尽可能做成泥，有一些孩子就觉得吃什么都很美味。也有一些孩子觉得吃东西不用咀嚼很奇怪。有些孩子已经满心欢喜地啃着桃子，而有些孩子呢，一想到桃子毛茸茸的皮就毛骨悚然、战战兢兢。

口味可以慢慢学习、养成吗？

可以！人们甚至必须通过学习才能适应各种口味，而且还要多次尝试。不过，同时也要相信你自己的直觉。当味道给人的刺激太大时，身体会不自主地做出剧烈的反应——呕吐！这种反应自然不那么好受，但你不能完全避免。人的原始本能要远远强于良好的教育。这同样适用于口腔中的感觉。

还有一个建议：当你想尝试新菜肴的时候，最好搭配你喜欢吃的熟悉的食物。这样会降低你本能的戒备。

你需要:
你不喜欢的蔬菜或者水果，你喜欢的蔬菜或者水果，盐，胡椒粉，锅，食品料理机（或搅拌机）

厨房小实验: 在日本，人们发现，香菜做成泥后，哪怕厌恶香菜的人也会觉得它很可口，因为被破坏的细胞结构改变了食物的外观和口味。那就用你讨厌的蔬菜来检验一下吧！邀请几个朋友，你们一块烹饪、搅拌、调味以及尝味。一开始可以先用土豆泥混合蔬菜泥。再试试用水果做冰沙（搅拌过的水果混合物）或者奶昔（参见第89页的菜谱）。

为什么软硬搭配的食物会给嘴巴带来这么多乐趣呢？

秘诀5：惊喜！

外酥里嫩的食物，大多数时候在嘴里的感觉都非常棒。
这种搭配的成功秘诀就在于混合了相冲突的感觉。
为此你要怎么做呢？那就往下看吧！

软的和硬的，辣的和柔和的，粗糙的和平滑的，软糯的和酥脆的——当口感相冲突的食材汇聚在一起的时候，享用美食也就成了一件引人入胜的趣事。

你为新实验做好准备了吗？

现在需要你发挥一下想象力：当你一口咬向汁水丰富的桃子时，双唇是什么感觉？当一块硬硬的巧克力在你的嘴里慢慢融化时又是什么感觉？尖尖的、宽大的芝麻菜之类的沙拉菜叶又会在嘴里留下什么感觉？你能想象出来吗？接下来事情慢慢会变得复杂一些。现在试着在脑海里想象一块平滑、坚硬、酸酸的糖果。当你咬它的时候，从它里面迸涌出甜甜的汁水。这很酷吧？现在翻到前面一页，看看那些糖果生产者是怎么把互相冲突的东西巧妙地组合到一块的：酥脆、坚硬、奶滑又细碎，每一口都独一无二。

让它噼啪作响吧！

吃薯片和薯条时那种酥脆的口感，并不只在咬食物时产生，咀嚼的声音也会让人产生这种印象。可以这样说，嘴巴里的噼啪声越大，食物中酥脆成分也就越多。根据常理，生产商要研发新产品时，不仅会关注产品的口味、颜色和包装，还会把人们咬食物以及咀嚼食物时产生的声音都用麦克风原原本本地记录下来。

亲自设计独特的口感

把苹果丁、浆果、坚果、牛奶以及酸奶混合在一起，制作一份你独享的混合麦片。当你用勺子挖一口吃时，所有味道会同时在嘴巴里激荡。看看下一页的图，你也来做一个！不过没必要做成和它一模一样的“摩天大楼”，三层就完完全全足够了。

还有一个建议：*试试给食物加上不一样口感的表层。如果你往小扁豆汤（第122页）上撒些干煎面包丁或者烤过的葵花籽（第137页），那么浓汤就会奇妙地变身为让人激动万分的美食。*

你需要：

面包，黄油，蔬菜，沙拉，奶酪，切成片的肉（香肠、火腿、培根等），超大份的想象力

厨房小实验：你知道吗？我们几乎每天都有机会来营造自己专享的、充满想象力的味觉体验。我指的是课间加餐时吃的面包。如果你一直吃的都是随随便便制作的课间餐的话，那就改造它吧！你能从上面那张图中发现许多好主意。其实一个独一无二的窍门就已经足够了：要一直完美地交替搭配软硬不同的食材！

2. 买菜有什么学问？

本地产的、在运输时未使用塑料包装的蔬菜，无论如何都是更好的选择。

在本章你将会认识对你身体以及环境有益的蔬菜。

你们当地生长着什么果蔬？它们都在什么时间上市呢？

五月

蘑菇，小葱，大头菜，生菜，白萝卜，胡萝卜，洋花萝卜，早熟土豆，芦笋，菠菜，荷兰豆 // 草莓，欧洲甜樱桃（从五月末开始）

四月

野韭菜，蘑菇，小葱，土豆，水芹，胡萝卜，洋花萝卜，大黄，芦笋，菠菜，荷兰豆

三月

野韭菜，蘑菇，菊苣，大白菜，卷心菜，大葱，胡萝卜，洋花萝卜，蒲公英等第一批野菜

二月

菊苣，苦菊，野莴苣，土豆，块根芹，卷心菜，大葱，山葵，欧洲防风，孢子甘蓝，红甜菜，洋姜，洋葱

一月

菊苣，野莴苣，山葵，胡萝卜，欧洲防风，土豆，块根芹，卷心菜，南瓜，红甜菜

露天园圃中的本地果蔬是特别有益于环境的，而且风味尤佳。所以，这张图将各个月份能够新鲜上市*的果蔬展示给你。

*作者列举的是德国的应季果蔬，你可以问问爸爸妈妈你们当地都有什么。

十二月

蘑菇，菊苣，大白菜，野莴苣，羽衣甘蓝，孢子甘蓝 // 苹果，冬梨，橙子

六月

花椰菜，豆角，蘑菇，豌豆，各种香辛植物，早熟土豆，大头菜，胡萝卜，洋花萝卜，大黄，芦笋，菠菜 // 草莓，醋栗，欧洲甜樱桃。从六月中旬开始，覆盆子，各种浆果，桃子

七月

豆角，花椰菜，西兰花，蘑菇，大白菜，豌豆，各种香辛植物，早熟土豆，大头菜，胡萝卜 // 覆盆子，各种浆果（六月中下旬），桃子

八月

茄子，花椰菜，豆角，西兰花，蘑菇，大白菜，豌豆，黄瓜，土豆，大头菜，胡萝卜，辣椒，欧洲防风，洋花萝卜，芹菜，西葫芦，甜玉米，洋葱 // 苹果和梨的早熟品种，黑莓，覆盆子，蓝莓，各种浆果，蜜瓜，黄香李，李子，欧洲酸樱桃

九月

茄子，四季豆，花椰菜，西兰花，蘑菇，大白菜，小黄瓜，茴香，大头菜，大蒜，土豆，南瓜，块根芹，大葱，胡萝卜，辣椒，欧洲防风，蘑菇，红甜菜，芹菜，洋姜，西葫芦，甜玉米，洋葱 // 苹果，梨，黑莓，各种浆果，李子，接骨木果，葡萄

十月

花椰菜，四季豆，菊苣，大白菜，苦菊，野莴苣，茴香，土豆，块根芹，大蒜，南瓜，大葱，山葵，胡萝卜，欧洲防风，芹菜，红甜菜，洋姜，西葫芦，甜玉米，洋葱 // 苹果，梨，接骨木果，各种浆果，葡萄

十一月

蘑菇，菊苣，大白菜，野莴苣，羽衣甘蓝，块根芹，南瓜，大葱，山葵，欧洲防风，孢子甘蓝，红甜菜，洋葱 // 苹果，梨，橙子

果蔬品种越来越少。为什么呢？

更多点吧！

世界范围内苹果品种多达6000余种，仅在德国的土地上就生长着超过1500种苹果，但实际上只有30余种是人们能够买到的，在超市里能见到的甚至只有五六种。土豆以及其他果蔬的情况也是如此。原因就在于，只有当种植户和销售商专注于几种收益高的果蔬品种时，他们才能有利可图。正是出于这个原因，很多经济作物资源就白白消失了。在一百年前，果蔬种类是现在的两倍多。也正是如此，我们的选择余地越来越小。这真的让人很气愤。同时这对环境也非常不利，因为为了保持生态平衡，一个健康的生态系统需要一定的物种丰富度。请回想一下，你迄今为止吃过多少种不同的苹果和土豆呢？你的父母又认识几种呢？你的祖父母又认识几种呢？

全德国在售
土豆种类只占所有
品种的6%。

这些鱼都去了哪里了呢？

60年前

现在

海洋变空了。

在60年前还有100种鱼畅游的海域，现在只剩下10种鱼了。鱼生长繁衍的速度远远跟不上人类捕捞的速度。幸运的是，人类还有些应对之策。例如，有针对性地只购买符合规定条件捕捞的鱼。现在能放心购买的鱼有鲱鱼、鲤鱼和鲶鱼等。

这么多糖分都藏在什么地方了？*

哎呀，好甜呀！

众所周知，吃太多糖会损伤牙齿（参见第67页）。尽管如此，拒绝甜食并不是那么容易。原因就在于，诸如水果和蜂蜜等甜的食物在自然界中天然存在，它们从来都不是有毒的，相反它们营养非常丰富。对于我们的祖先来说，能否找到甜食事关生死。这也决定了我们现在的口味。但是，我们可以加以改变。当我们有意识地少吃甜食时，舌头会变得越来越灵敏。比如说，当你早餐习惯吃燕麦片、天然纯酸奶以及新鲜水果的时候，你就会觉得混合麦片太甜了。

*可乐、冰红茶、水和果汁的样本量都是300毫升，其余食物的样本量为100克。

一个苹果要消耗多少水？一块奶酪呢？

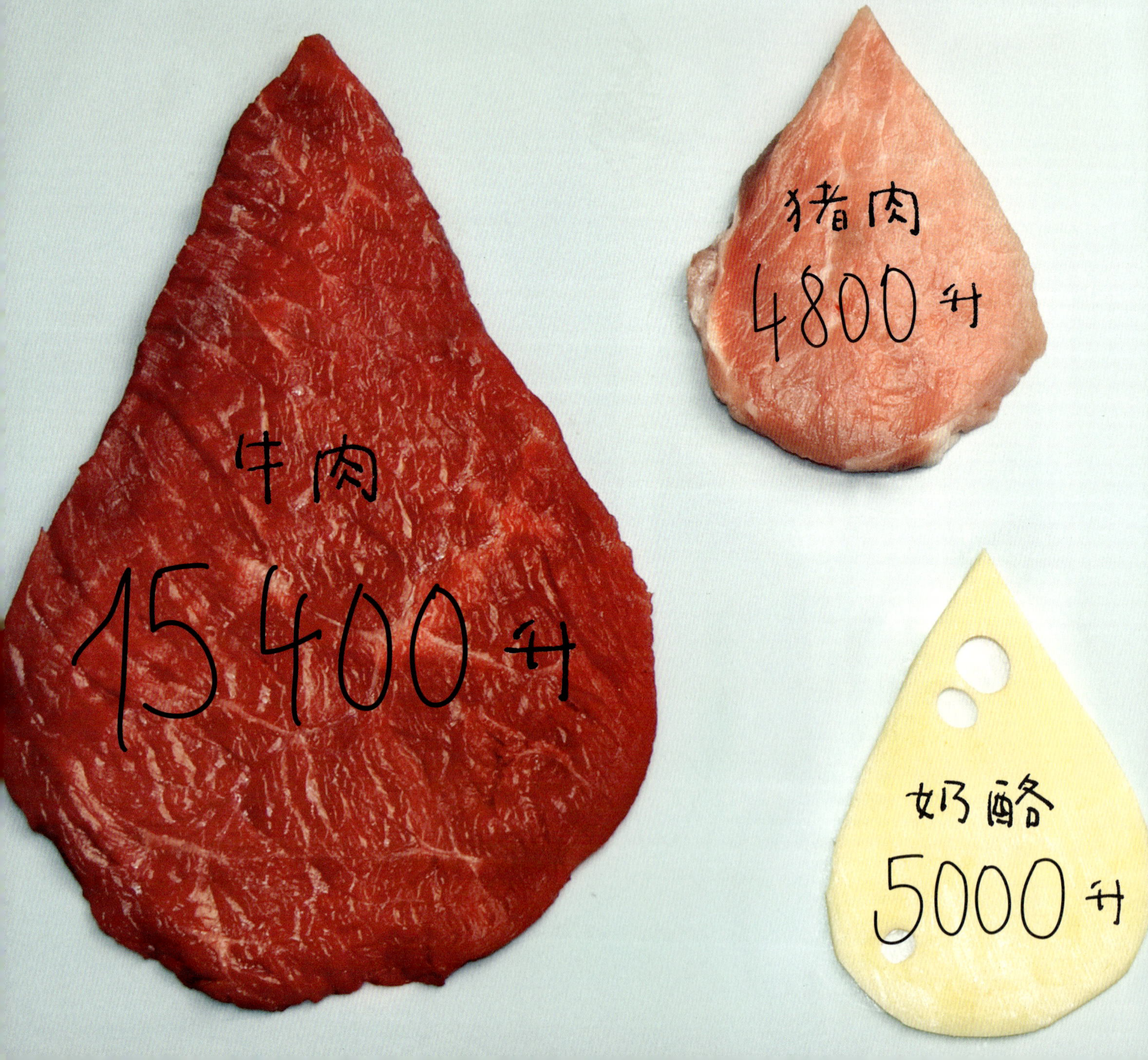

意大利面
3400升

鸡肉
3900升

豆腐
1400升

土豆
255升

鸡蛋
3000升

胡萝卜
130升

米
3400升

水是宝贵的！

也许你每天已经节约了不少水。这很容易就能做到：用淋浴代替盆浴，用马桶节水按钮，刷牙时关掉水龙头。如果你在购物时会注意到耗水量的问题，说明你的节水意识已经更进一步了。很多人并不知道这也可以达到节约用水的目的。其实，这一点很容易理解：各种植物都需要水，而食物准备过程中没有水也是不行的。比如说，加工1000克奶酪，并最终在市场上销售，这一过程需要5000升水。特别重要的是，在西班牙或者非洲等干旱地区，这个过程会消耗更多水分。

为什么我们会扔掉这么多食物？我们能采取什么应对措施呢？

原因一：挤压造成的破损

当果蔬因为成熟度以及运输造成品相不好的时候，我们一般不会购买。没有人买，自然就被扔掉了。该怎么应对呢？即便它们品相不太完美，我们也要购买新鲜的这类食材。你可以在它们被扔进垃圾桶前拯救它们。

原因二：分量太大

肚子已经饱了，但盘子里还剩很多。剩下的东西都会进入垃圾桶。该怎么应对呢？想一想每份食物中包含多少能量和辛劳。那就开始吃小份食物吧，宁愿不够的时候加餐。

原因三：储备太多

在采购时不拿购物清单的人，往往会高估自己的需求，扔掉很多食材就顺理成章了。该怎么应对呢？事先检查一下家里的库存。将你真正需要的东西记录下来。还有，不要空着肚子去采购。

原因四：储存不当

新鲜的食材如果储藏在光线太强或者温度太高的地方，变质速度要远快于正常腐败速度。该怎么应对呢？果蔬尽可能存放在阴凉的地方，而且要彼此完全分开，不要挤在一起。苹果、香蕉、梨以及番茄会加速其他蔬菜和水果的成熟及腐败。

原因五：保质期

包装上的日期显示的只是生产商对产品最短保质期的估算。该怎么应对呢？在你扔掉某些食材前，运用你的感觉（视觉、嗅觉、触觉以及味觉）判断它的新鲜度。但生肉以及鱼肉制品除外！

原因六：品相不佳

水果和蔬菜如果长得畸形的话，人们也会弃之不买。所以，有的农民会直接把那些品相不佳的果蔬扔在田地里任其腐烂。该怎么应对呢？在市场上人们会经常看到一些品相很差的蔬菜，其实它们很值得购买——因为价格往往更便宜！

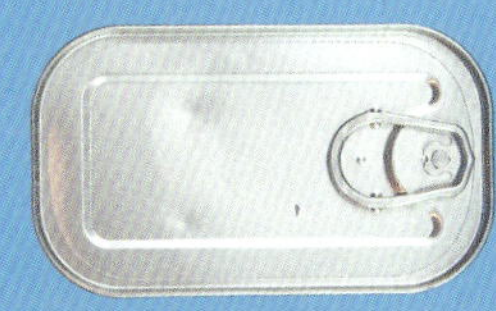

原因七：罐装及其他包装方式

食品在生产、运输以及储存过程中会有很多破损，相应的残次产品会很多。该怎么应对呢？尽可能从本地购买新鲜的、天然的食品，并且自己烹煮。

3. 好厨房长什么样?

怎么才能做出快手菜?毫无疑问,家里要备些食材,以及常用工具。

下面几页将会为你讲述,怎样整理厨房从而能够顺手地切菜、煎炸烹炒。

哪些是家里必备的厨房工具？它们分别适合加工哪种食材？

答案：
1c 黄瓜 / 削皮刀
2e 洋葱 / 小砧板和菜刀
3k 柠檬 / 柠檬压榨器
4f 土豆 / 土豆捣杵
5b 面包 / 面包刀
6o 鸡蛋 / 打蛋器
7d 番茄 / 番茄刀
8q 肉豆蔻 / 肉豆蔻刨子
9m 面团 / 擀面杖
10l 醋，油 / 果酱瓶
11g 沙拉 / 拌沙拉用的勺和叉
12j 糖 / 量杯
13i 黄油 / 刀
14p 面粉 / 碗
15n 面条 / 筛子
16h 胡椒 / 胡椒研磨器
17a 锅 / 隔热垫

家里应该常备哪些食材？

储存一些你在任何时候都能用来迅速做好饭菜的东西。
诸如这些：

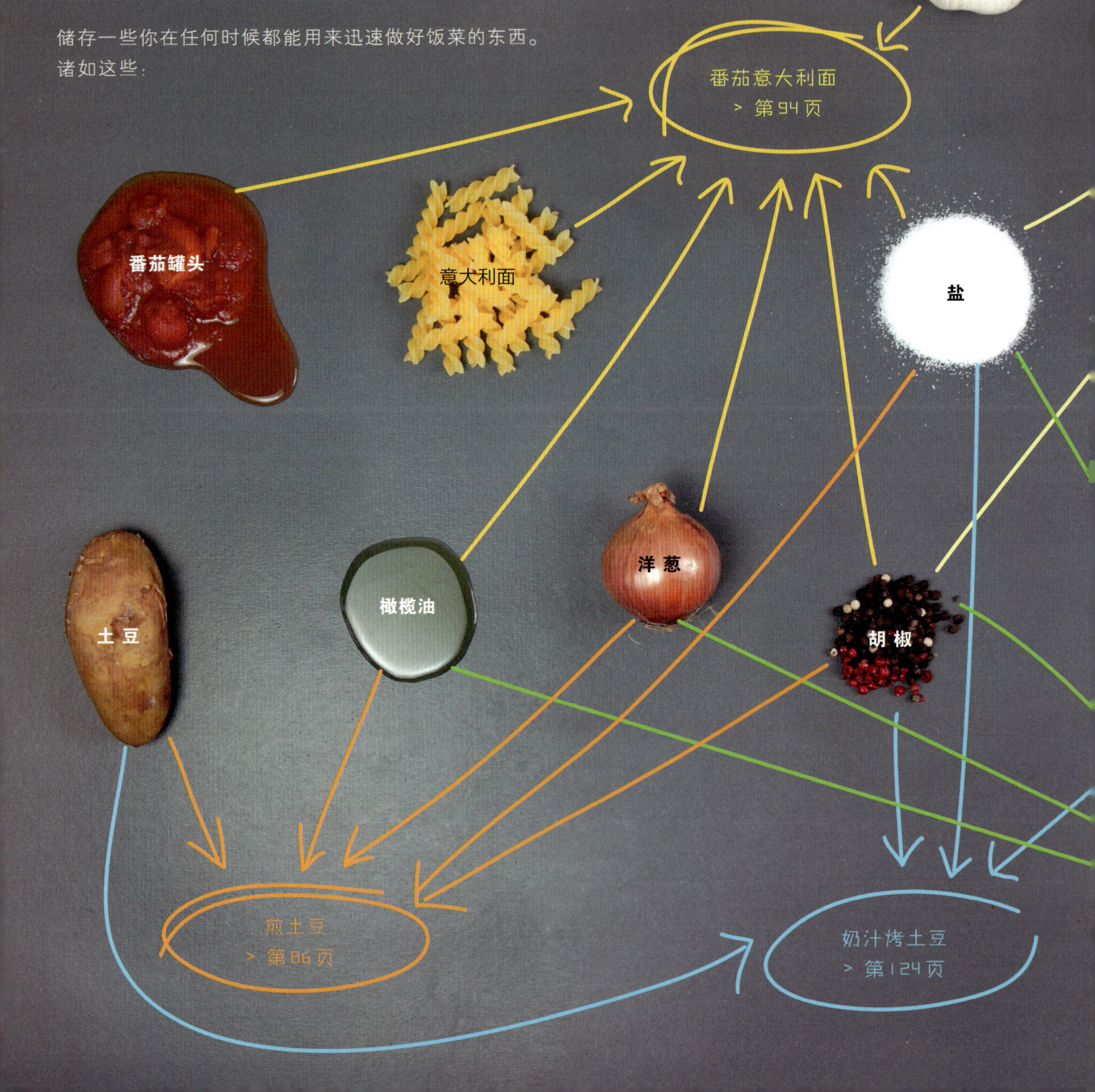

大蒜

番茄意大利面
> 第94页

番茄罐头

意大利面

盐

洋葱

橄榄油

土豆

胡椒

煎土豆
> 第86页

奶汁烤土豆
> 第124页

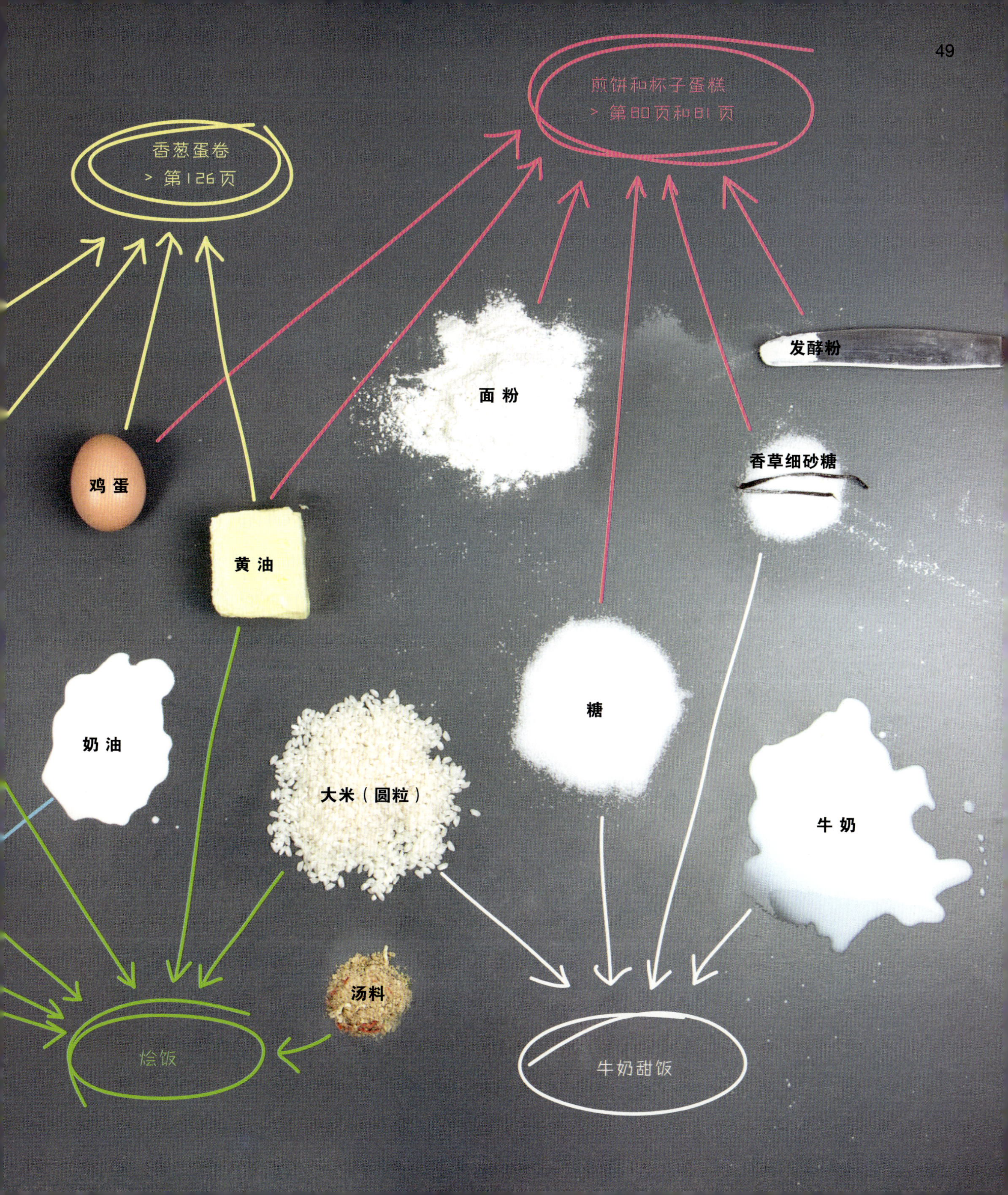

煎饼和杯子蛋糕
> 第80页和81页

香葱蛋卷
> 第126页

发酵粉

面粉

香草细砂糖

鸡蛋

黄油

糖

奶油

大米（圆粒）

牛奶

汤料

烩饭

牛奶甜饭

下面这些香辛植物搭配什么菜式好？

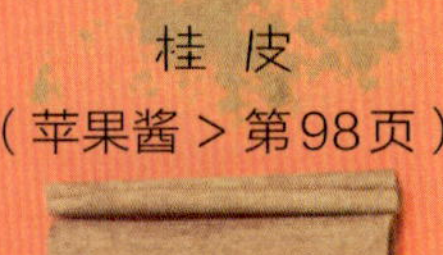

桂 皮
（苹果酱 > 第 98 页）

罗勒叶
（番茄 > 第 70—73 页）

牛 至
（番茄酱 > 第 94 页）

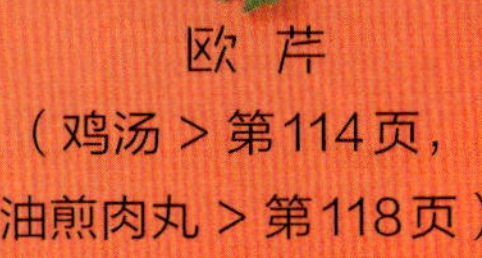

欧 芹
（鸡汤 > 第 114 页，
油煎肉丸 > 第 118 页）

香 草
（糕点 > 第 81 页，布丁 > 第 88 页，
香草细砂糖 > 第 132 页）

薄 荷
（沙拉 > 第 92 页）

迷迭香
（烤薯条 > 第 120 页）

甜 椒
（烤薯条 > 第 120 页）

咖喱粉
（小扁豆汤 > 第 122 页）

肉豆蔻
（奶汁烤土豆 > 第 124 页）

香 菜
（胡萝卜汤 > 第 74 页，
小扁豆汤 > 第 122 页）

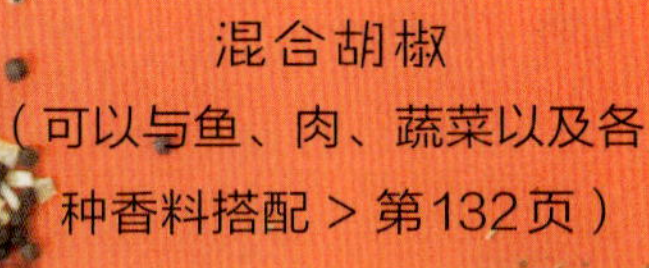

混合胡椒
（可以与鱼、肉、蔬菜以及各
种香料搭配 > 第 132 页）

生 姜
（胡萝卜汤 > 第 74 页，小
扁豆汤 > 第 122 页）

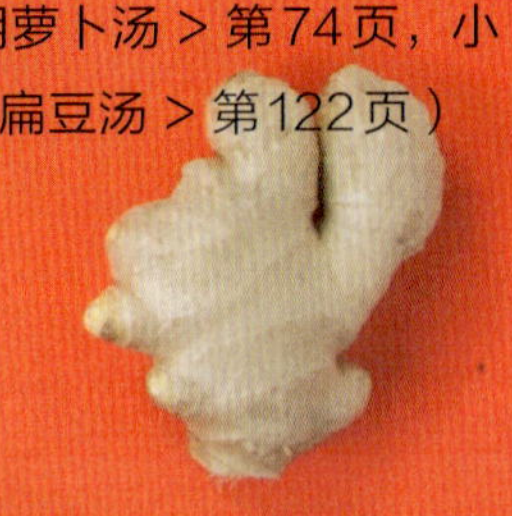

墨角兰
（油煎肉丸 > 第 118 页）

香 葱
（炒蛋 > 第 78 页，香葱蛋卷 > 第 126 页）

这里有一些初学者可以参照的调味方法。有一条金科玉律就是：多尝试，看看哪种组合特别适合你。

那些经常烹饪的人，都喜欢在厨房的窗台上养一些新鲜的香辛植物。如果你用图中这种方式栽培植物的话，只需要经常记得续满水就可以了。这种聪明的方法让浇水变得多余。具体做法是：先把塑料瓶一分为二，然后把上半部分头朝下插到下半部分中。然后往下半部分里面倒水，正好加到瓶颈处为止。最后栽上香辛植物。接下来就让它们慢慢长大，静待收获吧！

这些东西该怎么放？

哪些东西应该放到冰箱的什么地方？什么东西根本就不需要放到冰箱里呢？

冷冻层：这里存放冷冻食品。
它们在此的保存时间：
* 一星 = -6℃ = 可存放一周。
** 二星 = 至少 -12℃ = 可存放三周。
*** 三星 = -18℃ = 可存放几个月。
少数情况：**** 四星 = 这种温度足以让食品完全冷冻。在这里，食品能存放好几个月。

5℃-8℃区：在中间区域一般存放奶制品。奶酪要尽可能放到最上层。

2℃区：鱼、肉和香肠等易腐败的食物一般放在冷藏室中最冷的位置。

8℃-10℃区：饮料、鸡蛋和黄油要放在冰箱门架处。

8℃-10℃区：果蔬自然要存放到蔬菜区了，但也不是所有品种的果蔬都能存放到这一层（详情参见第53页）。重要的是：胡萝卜和洋花萝卜在存放时一定要提前切掉头部的绿色部分。

盐、糖、蜂蜜和茶在干燥环境下差不多可永久存放。易生蛀虫的食品，如面粉、干果以及坚果等最好先装在密封玻璃瓶中，然后再放到架子上保存。

黄瓜、茄子、刀豆、南瓜以及土豆等蔬菜要保存在阴凉处，但不要放在冰箱中。低温会让它们丧失口感和维生素。

韭葱在盛水玻璃杯中可以继续生长相当长的时间。在烹饪时取用绿色葱叶即可。

冰箱才是黄油的存放之地。在天气凉爽的季节，也可以将小块黄油装在黄油罐子中在常温下保存。这样可以随吃随用。

调味料和油类应存放在干燥、阴凉的柜子中。

苹果和番茄会散发出能加速其他果蔬成熟和腐败的植物激素。所以，它们应该分开存放。或者可以反其道而行之：把苹果或梨和土豆放一起，这样就可以防止土豆长芽了。

剩菜剩饭怎么办？吃掉！

我们可以用饭后甜点的剩余材料做一道源自英国的人间美味，它名叫查佛蛋糕（Trifle）。Trifle这一单词本身蕴含三重意思，事实上这一蛋糕也正需要三种配料，它们分别来自三种不同类型的食品。这三种配料要分层堆放在玻璃碗中：一份水果（下层），一份蛋糕（中层），一份奶制品（上层）。在冰箱里冷藏几个小时或者一个晚上……真是美味啊！

不管人们在烹饪时计划得如何周密，总归都会剩下一些食物。自从有了冰箱之后，多余食材再也不是惹人烦恼的问题了。接下来该怎么办呢？相当简单！下次可以把它们拿出来，放到锅里重新加热一下，然后在上面打个鸡蛋，等鸡蛋液凝结就可以吃了。如果你不喜欢鸡蛋，也可以在饭下面放满满一把奶酪碎，直至其融化拉丝为止。也有其他的好方法：将剩余的饭菜分层放进烤盘中，在最上面撒上一层奶酪碎，然后放到烤箱中稍加烘烤。

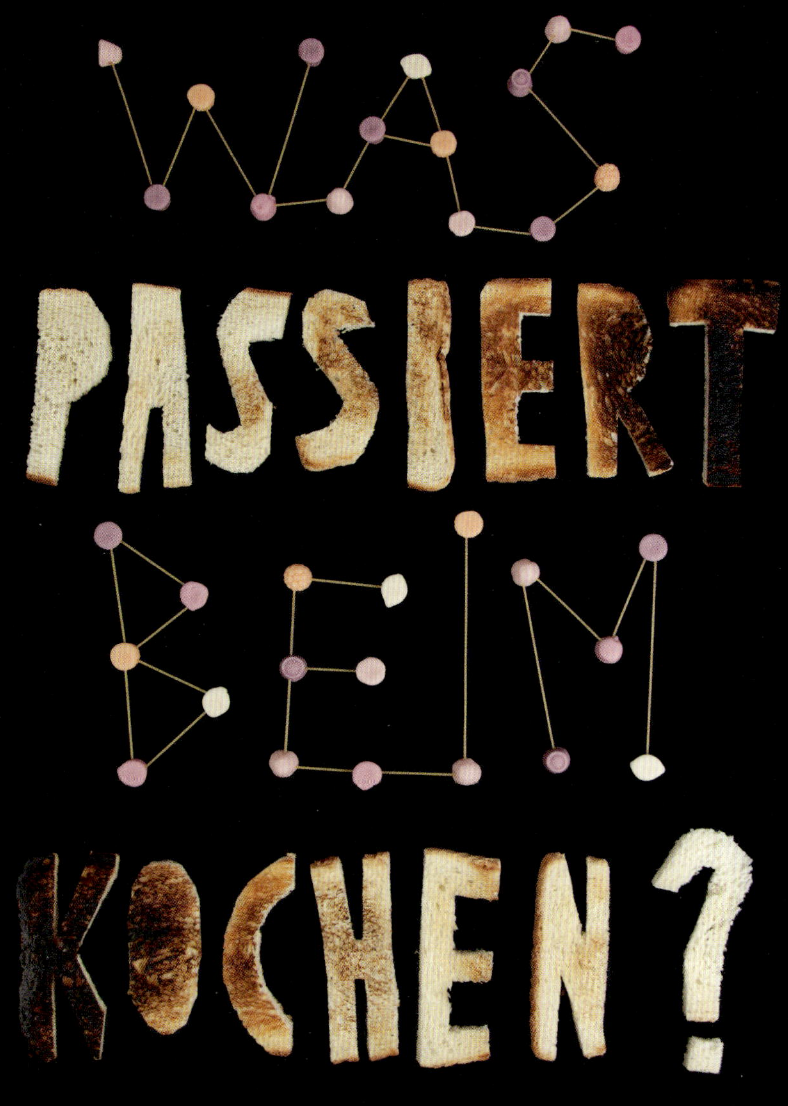

4. 做饭好比做实验？

生活之中处处有化学：当加热食物时，蛋白质会分解或凝固，
碳水化合物的长链会断裂，发酵酶可能会被激活或失去活性。
只要你明白其中的一些知识，你就能避免失误，而且烹饪技艺也会更好。

◉ 认识碱和酸

什么是酸性的？（不可以吃！）

你需要：

六片紫甘蓝叶，刀，750毫升水，食品料理机，大碗，滤网，大量杯，带盖子的罐头瓶若干个

液体样本：

两汤匙柠檬，两汤匙醋，两汤匙可乐，两茶匙发酵粉（事先在水里溶解），两汤匙菠菜汁（和加工紫甘蓝一样，将新鲜菠菜叶加水打成泥，然后过滤），两汤匙菜汤

除此之外，你也可以检测家中其他液体：

两汤匙洗洁精，两汤匙洗涤剂，两汤匙洗甲水

这涉及：醋、甜柠檬和柠檬等酸的东西不仅能让食物变得更加美味，而且能够杀死一些有害病菌。当发酵粉等碱性食材遇到酸性物质后，会产生人们在烤焙时需要的空气（参见第62页）。利用紫甘蓝汁，人们无需品尝即可分辨碱性和酸性物质。

背后隐藏的原理：紫甘蓝汁在这里发挥着指示剂的作用，因为它含有一种叫花青素的水溶性色素。当它和酸性或碱性物质混合时，颜色会发生变化。

厨房小实验：将六片切碎的紫甘蓝叶完全浸泡于水中，并用家用搅拌棒打成泥。把紫色的液体用滤网过滤，并盛放于量杯中，然后加自来水，直到液体容量达到750毫升。接着将它倒入那些罐头瓶中，每瓶装满三分之一即可。

实验：在第一个瓶子中加入醋或柠檬汁，在第二个瓶子中加入洗洁精。第一瓶马上就变红了，这说明加入的是酸性物质。第二瓶的液体慢慢变蓝，随后又变绿了，这说明加入的是碱性物质。第三瓶用作对照，不要做任何改变，保持自然状态。现在把本页左侧所列其他实验用液体分别倒入剩余罐头瓶中。哪些显示是酸性的？哪些是碱性的？哪些保持不变呢？注意：碱性物质需要较长时间才能明确显现出来，它们最后甚至会变成黄色。所以，可以将玻璃瓶密封保存两周，观察其变化。

制作沙拉酱汁

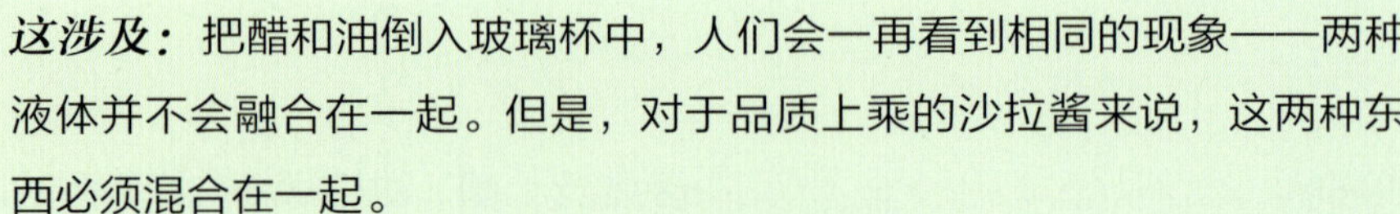

你需要:

带瓶盖的玻璃瓶，200毫升油，100毫升醋，1/2茶匙盐，微量胡椒

这涉及: 把醋和油倒入玻璃杯中，人们会一再看到相同的现象——两种液体并不会融合在一起。但是，对于品质上乘的沙拉酱来说，这两种东西必须混合在一起。

背后隐藏的原理: “油不溶于水”（hydrophob）这个词来自希腊语，hydro是“水”的意思，phob是“畏惧”的意思。油不会害怕水，但它却不能溶于水。水的情况也完全一样，它所有部分结合得如此紧密，以至于没有一滴油能够进入其中。而醋是一种以水为基础的酸性液体，所以其性状颇类似水。

厨房小实验: 把所有制作沙拉酱的配料都放入玻璃瓶中，拧紧瓶盖，平稳地摇晃。接下来会发生什么呢？在油中会形成一个很大的气泡。你摇晃时间越长，气泡会变得越小越碎。短时间后会产生牛奶状的酱汁。究竟发生了什么呢？现在水中密布超级微小的油滴。化学家将其称为乳浊液。乳浊液极其稳定，经常能保持数分钟之久。但最终油和水会再次分离，因为本次小游戏中没有蛋黄、奶油或芥末等乳化剂。

还有一个建议: 通常情况下，油和醋很难混在一起。如果酱汁一再分离，你可以往其中加入一茶匙芥末或一汤匙奶油加以补救。然后再好好地摇晃酱汁。完成！

◉ 制作黄油

怎样使油和水分离？

你需要：

50毫升奶油，微量盐，带盖子的果酱瓶（或食物料理机，或搅拌器），滤网，玻璃杯，木质汤匙，约1汤匙盐，水和方形小冰块

这涉及： 人们可以把奶油加工成黄油，将其中的油性物质分离出来即可。实际生活中要如何操作呢？不同于上一页所示的油和水，奶油是稳定的乳浊液，因为脂肪分子都被蛋白质外壳包裹着。

背后隐藏的原理： 蛋白质外壳彼此紧密附着并将油滴固定在水中。

厨房小实验： 将奶油倒入果酱瓶中，并摇晃大概十分钟。通过这种方法，大量小气泡会混合到油水乳浊液中。这样就会产生泡沫，形成所谓的掼奶油。继续摇晃，最终蛋白质外壳不会再把小气泡和水滴束缚在油脂中，于是水和油就分开了。这种水油分离的乳浆叫作酪乳。接着让酪乳沉淀一下，油脂会形成一块球状黄油。将酪乳用滤网过滤，倒入玻璃杯中你可以喝掉它。滤网中的黄油请用木汤匙用力压实。

还有一个建议： 如果要加工很大一块黄油的话，最好用食物料理机或者搅拌器。这样比较省力，效率也更高。

改善口味： 将黄油团放入由250毫升冷水、一些冰块以及1汤匙盐组成的混合物中，将它们放入冰箱中冷藏一夜。这样处理后，黄油的味道会更好。

你需要：

气球，漏斗，一小包发酵粉，空瓶子，一杯醋

◉ 烘培糕点

发酵粉在面团中发挥什么作用？

这涉及： 如果没有发酵粉或者酵母，糕点面团或者面包面团只能做成又硬又平的大面块。

背后隐藏的原理： 在发酵粉包装袋中装有两种不同的白色粉末，碳酸氢钠以及酒石酸等酸性物质。当发酵粉在包装袋中阴凉干燥保存时，会发生什么变化吗？什么也不会发生！一旦它们在面团中变湿，并在烤炉中变热时，碳酸氢钠和酒石酸就会彼此发生反应，并完成它们的任务——产生二氧化碳（这也正是将矿泉水变为气泡水的气体）。烤炉中的热量会让黏糊糊的面团中的气体膨胀，但它们依然被严严实实地包裹在面团里面。在烘烤过程中，随着气泡慢慢稳定下来，面团会变成圆形。烘烤完成后，人们也依然能清晰地看到那些小气泡，那就是蛋糕或面包上的小洞。

厨房小实验： 当发酵粉和醋接触时，你可以很清楚地观察到二氧化碳是如何被释放出来的。在这个过程中会产生很多气体，以至于你能用它们吹起一个气球来。先借助漏斗将发酵粉倒入气球中，然后用水快速冲洗干净。接着用它把醋倒入玻璃瓶中。现在把气球口整个套在瓶颈上，让发酵粉滑落到玻璃瓶中。接下来会发生什么呢？准备惊叹吧，几分钟后，整个气球就鼓起来了！

◉ 烤面包片

为什么烘烤会改变食物的味道？

你需要：
三 片 吐 司 面 包， 吐 司 机， 刀

这涉及： 酥脆的曲奇饼，新鲜出炉的烤面包片或者烘焙过的咖啡豆的香味都是在烘烤过程中产生的。整个烤制过程中不用一点液体或油脂。食物在烤制之后味道会不一样，不管是花生、咖啡豆还是吐司面包，都是如此。烘烤完的食物尝起来没有一点干面团味道，反而香味更加浓郁。

背后隐藏的原理： 烘烤过后会产生一种带有少许苦味的物质，叫作蛋白黑素。它会让食物的颜色变深，散发出香味并且风味更加浓郁。尽管如此，人们还是难以相信这种物质的存在。食物的风味究竟是如何产生变化的，到目前为止人们仍然没有什么研究。已知的是，这与糖和蛋白的微小粒子有关系。因为在加热时，不同的糖分子和蛋白分子会发生化合作用。

厨房小实验： 烘焙食物的时间越长、烘烤温度越高，产生的味道便会越浓烈。但烘焙到何种程度会让大家觉得美味，这取决于个人的口味。尝试找出你喜欢的烘烤程度，为此，你可以品尝烘烤程度不同的面包的味道。淡褐色、金黄色、中褐色，哪种是你喜欢的类型呢?

◉ 制作调味沙司罐头

食物怎么才能长期保存呢？

你需要：
两个密封玻璃瓶，两块洗碗布，锅，水，烧烤钳，干净的餐具抹布，1千克成熟的番茄，或者一罐头切成块的番茄，两个洋葱，250毫升白醋，两汤匙糖，1/2茶匙盐，适量胡椒，深锅，厨刀，厨用过滤网，汤匙，厨用温度计

这涉及：如果不及时把蔬菜和水果吃掉的话，它们就会发霉。

背后隐藏的原理：细菌、真菌等许多微生物赖以生存的营养物质，和我们所需的营养物质是相同的。这些微生物四处飘散，但我们肉眼看不见。当它们发现美味时，就会立刻降落。因为可能有毒，所以我们必须让它们远离食物。比如，人们可以在食物中加一些微生物不喜欢的东西，比如盐或烟，或者加很多糖，这样它们就不能第一时间得到所喜欢的食物。人们在包装食物时排空里面的空气，也可以让微生物远离食物，这就是所谓的真空包装。

厨房小实验：只是真空状态并不能让食物长期保存。有些细菌在无氧状态下也具有活性，也能让食物发霉。所以，人们必须想一个细菌无法存活的方法。将食物做成罐头就是这样一个好办法。加热装满食物的密封玻璃瓶能杀死所有细菌，而新的细菌也没法进入。

消毒：玻璃瓶和配套的橡胶密封圈，不管是新的还是用过的，都需要在加醋的水里煮大概2—3分钟。当水冷却后，用烧烤钳把玻璃瓶取出，并放到装满干净热水的锅里备用。

小心：非常烫！

烧煮调味沙司：将成熟的且无伤疤的番茄清洗一下，对半切开，去掉番茄梗。洋葱去皮，切成丁。蔬菜加适量盐和胡椒放入锅内，并加入适量醋。所有配料用文火煮45分钟。完成后把锅从炉灶上取下，将锅内配料倒到过滤网上，用汤匙按压过滤。将汤倒入锅内继续加热，直至汤变浓稠。最后加入胡椒粉、盐和糖调味。

灌装：将熬制好的食材倒入玻璃瓶中，灌完后将瓶口擦干净。套上橡胶密封圈，盖上瓶盖，注意不要让密封圈移动，然后合上夹子。将高温消毒且密封的玻璃瓶放到锅中。然后往里面加水，直到完全将其没过。重要的是，在开始蒸煮时，新加入的水的温度应和玻璃瓶中食材的温度一致，这样才不会使玻璃瓶炸裂。如果玻璃瓶中的食材是凉的，加入的水也必须是凉的。如果是热的，就必须加入温度相同的热水。锅中水的温度达到90℃后，才开始计算蒸煮时间。

冷却：做完罐头后，用烧烤钳把玻璃瓶从锅中取出。这一步找个人来帮你吧！为防止瓶子炸裂，一定不要用冷水来冷却，而应该把玻璃瓶放到无风处的搁板上自然冷却。

你需要：
60克黄油，6汤匙糖，2汤匙牛奶，不粘锅，木勺，四四方方、铺有烘焙纸的烤盘，一把较重的刀，热水，防油纸

糖果做成的分子结构模型甜美极了！

◉ 做奶糖

如何在不加水的情况下将固体的糖融化？以及如何让它一直保持柔软？

这涉及： 糖能让食物和饮料变得香甜，做法很简单：把糖倒进去，搅拌，完成。在完全不添加任何液体的情况下，将糖融化是一件非同寻常的事情。将糖放在锅里加热，它会慢慢变为液态。接着，它会变得透明。随着温度上升，它会继续变成黄色，然后变为金黄色。大概温度超过150℃后，糖的味道就不只有甜味了，还有了烘烤味，这样，就产生了焦糖（入门知识 > 第135页）。注意！糖很快会烧焦。这时候糖尝起来有苦味，而且非常不健康。当所有水分都蒸发后，剩下的就只有黑色的碳化物了。

背后隐藏的原理： 被加热的糖晶体失去了通过化学作用固定的水分子。水蒸发得越多，液态糖的颜色会越深。当液体冷却后，会重新变得坚硬。添加脂肪能够阻止这一过程。所以，人们做软和的奶糖时，需要油脂。

厨房小实验： 将所有配料放入不粘锅内，用中火加热，同时不断搅拌，直到变浓稠并散发出香味。将熬成团的糖浆倒入铺有烘焙纸的烤盘中，短暂冷却后用刀切成小块。当糖完全变冷变硬后，分别用防油纸包好。

◉ 溶解磷酸钙

为什么饭后不能忘记刷牙？

你需要：

3枚鸡蛋（实际上你只需要1枚鸡蛋，但鸡蛋易碎，最好还是多准备两枚为好，有备无患！），3个玻璃杯，1瓶白醋（浓度为5%），3把茶匙，汤匙

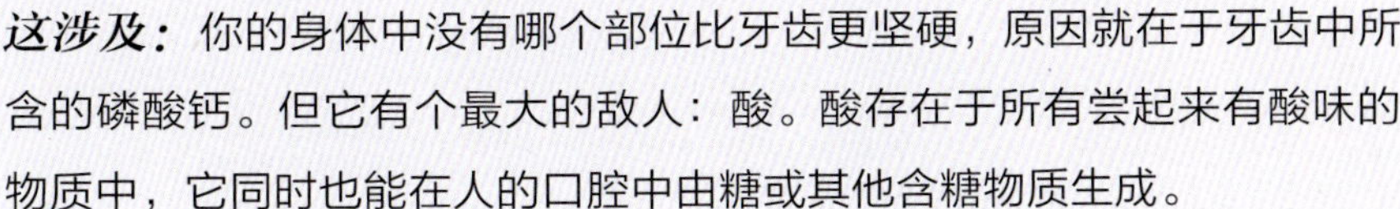

这涉及：你的身体中没有哪个部位比牙齿更坚硬，原因就在于牙齿中所含的磷酸钙。但它有个最大的敌人：酸。酸存在于所有尝起来有酸味的物质中，它同时也能在人的口腔中由糖或其他含糖物质生成。

背后隐藏的原理：在口腔中，糖会被很多细菌转化为糖酸。当我们没有把牙齿上的有害细菌刷去的时候，会发生什么事情呢？接下来的实验将会揭晓答案。在实验中，酸侵蚀的不是牙齿，而是由磷酸钙构成的鸡蛋壳。

厨房小实验：把三枚鸡蛋分别放入三个玻璃杯中，并分别倒入醋，使醋完全没过鸡蛋。将汤匙放入玻璃杯中压住鸡蛋，使其不至于上浮。不一会儿，鸡蛋壳上就形成了很多小气泡。这是因为醋中的酸把蛋壳中的钙质溶解生成了二氧化碳。将玻璃杯放置一夜。隔日清晨，将玻璃杯中的鸡蛋用汤匙依次小心取出，并用流动的水冲洗。也许蛋壳早已完全溶解了。假如蛋壳没有全部溶解掉，那就把鸡蛋重新放入未使用过的醋中，给它再来个醋浴。钙质蛋壳一溶解，包裹生蛋液的就只有一层薄薄的蛋膜了。迎着阳光观察鸡蛋的内部结构。人们可以将鸡蛋放入手中，甚至可以轻轻按压或者让它弹跳。

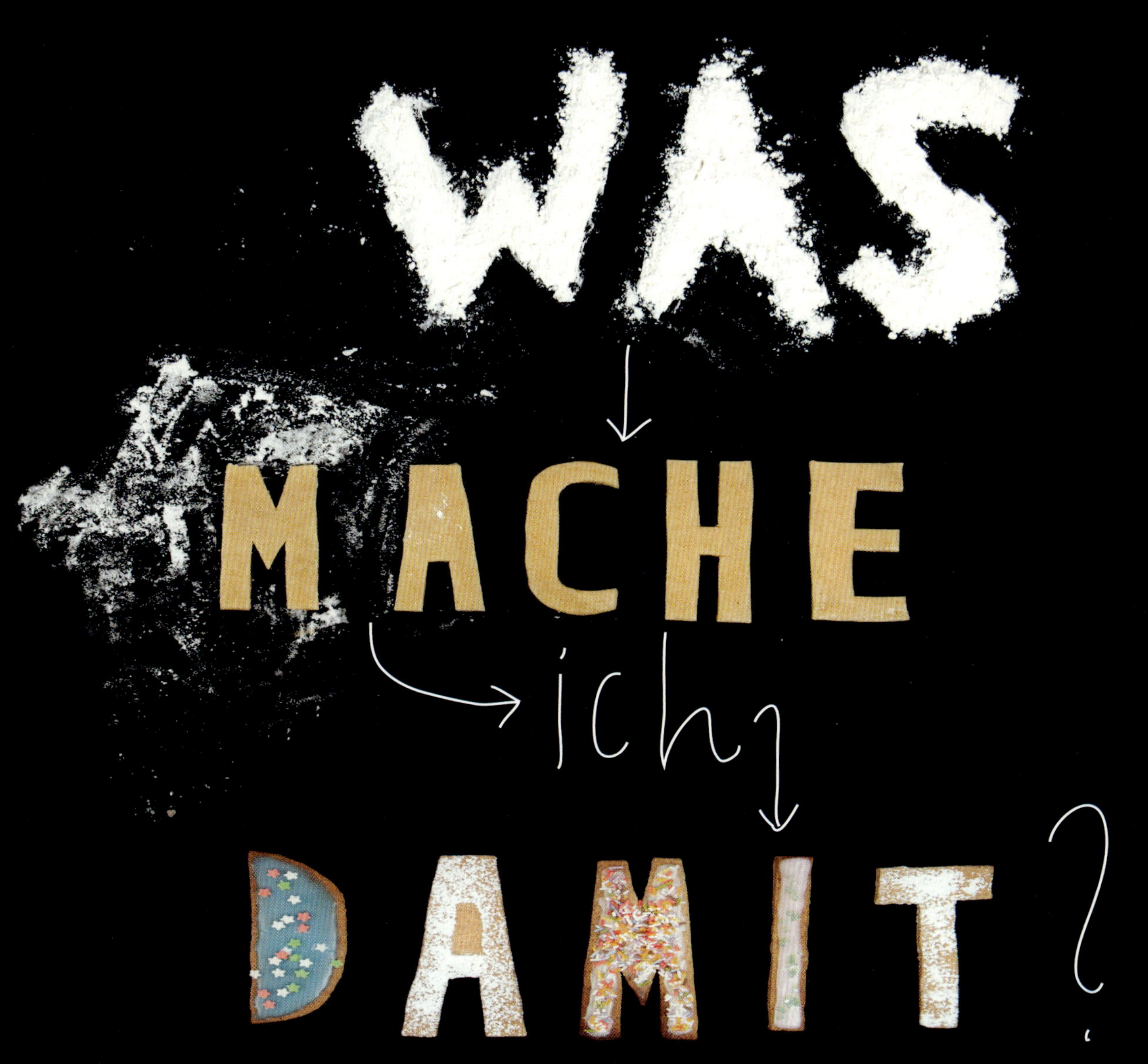

5. 你能用它做成什么菜？

同样的配料可以做成完全不同的菜肴。所以要时刻保持创造力！

想象一下，假如你从未见过胡萝卜、土豆或者鸡蛋，你会用它们做什么菜呢？

先照着菜谱依葫芦画瓢，然后按照自己的意愿尽情发挥吧！

{番茄}

你有没有注意到，市面上的番茄新品种越来越多。但这些所谓的新品种往往只是一些被重新发现的老品种而已。如果可能的话，选择不同品种的番茄做一盘番茄沙拉。它看起来颜色诱人，尝起来口感出众。

番茄沙拉

工具：

厨刀，沙拉碗，沙拉勺和沙拉叉

一人份的配料：

6—8个不同品种的小番茄，少许马苏里拉奶酪，1/4个小洋葱，2—3汤匙油，1汤匙醋，盐，胡椒

1 > 先将番茄清洗一下，然后切成片，放入沙拉碗中备用。将马苏里拉奶酪切成丁，放入切好的番茄中。将油、醋以及其他佐料全都放入沙拉碗中，充分混合。上桌吧！

***再难一点儿？**尝试用意大利甜醋、少许糖、羊奶酪、洋葱或者/以及罗勒叶做番茄沙拉。*

烤番茄

工具：

烤盘，毛刷

一人份的配料：

2汤匙橄榄油，
1/2个蒜瓣，
8—10个樱桃番茄，
1茶匙砂糖，
胡椒，
盐

1 > 用橄榄油均匀涂抹烤盘，并用半个蒜瓣擦拭。将清洗后晾干的番茄放入烤盘。

2 > 根据个人口味在番茄上撒上少许砂糖。现在将番茄放入预热过的烤箱中烤制大约20分钟，然后用盐和胡椒调味。

番茄布切塔

工具：

厨刀，压蒜器，
碗，两把汤匙

一人份的配料：

1—2个中等大小的成熟番茄，
1个小蒜瓣，
1汤匙橄榄油，
糖，盐，胡椒，
3—5片罗勒叶，
2—3片面包（意式拖鞋面包或法式长棍面包）

1 > 先将番茄清洗一下，并切成小丁，放入碗中备用。将大蒜压成泥，并同橄榄油和罗勒叶混合。用盐、胡椒以及糖调味。

再难一点儿？一小撮糖就会让番茄变得超级美味。香辛植物的作用也在于此。切得非常精细的薄荷叶会带给你引人入胜的味觉体验。下述食材也与番茄相得益彰：醋浸刺山柑、鳀鱼、可口的奶酪或者胡萝卜做的前菜（详见第76页）。

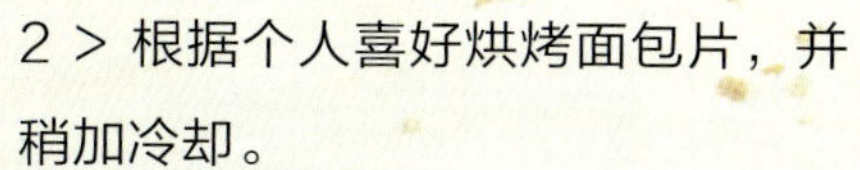
2 > 根据个人喜好烘烤面包片，并稍加冷却。

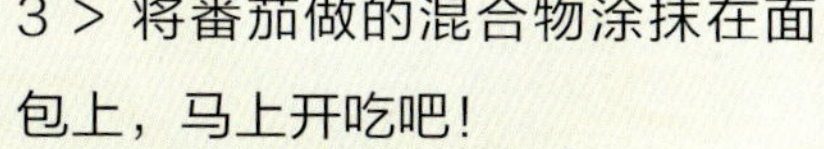
3 > 将番茄做的混合物涂抹在面包上，马上开吃吧！

{ 胡萝卜 }

胡萝卜一直都是橙色的吗？不对！实际上，这种与荷兰王室代表色相同的蔬菜最初是紫色的。如果你足够幸运的话，今天在市场上你还能找到一些保持原始色彩的胡萝卜。

胡萝卜汤

工具：

削皮刀，锅，烹饪木勺，食品料理机

配料：

5根胡萝卜，1头切成丁的洋葱，1罐椰浆，1杯苹果汁，盐，胡椒，肉豆蔻，糖

1 > 将胡萝卜去皮（详见第136页），并切成片。

2 > 将胡萝卜片连同洋葱丁、椰子汁以及苹果汁一块放入锅中。

3 > 文火慢炖，直至胡萝卜变得软烂。将盐、胡椒、肉豆蔻以及糖加入锅中调味，继续炖煮，直至成泥。再次调味。大功告成！

再难一点儿？

用欧芹或者香菜等新鲜的香辛植物调味。

前菜

工具：

菜刀，平底锅，锅铲

配料：

5根胡萝卜，2汤匙油，3汤匙意大利甜醋，盐，胡椒，糖

1 > 将胡萝卜去皮，并切片备用

胡萝卜沙拉

工具：

削皮刀，刨子，锅，木勺，沙拉碗，茶匙

配料：

5根胡萝卜，1汤匙油，1杯酸奶，1杯鲜奶油，盐，胡椒，糖

1 > 将胡萝卜去皮，用刨子擦成细丝

2 > 将胡萝卜丝放入锅内，加油翻炒，直至变软。

2 > 将胡萝卜片放入平底锅中，用油快速煎一下，直至光滑发亮，注意使其保持嚼劲。

3 > 将锅从灶上端下来，倒入意大利甜醋，搅拌均匀。用少许糖、盐以及胡椒调味。装盘出锅，让它慢慢冷却，接下来就大快朵颐吧！

3 > 将酸奶和鲜奶油倒入一个小沙拉碗中搅拌均匀，并用盐、胡椒和糖调味。

再难一点儿？比如，可以加入擦成丝的苹果碎和蒜泥。

{鸡蛋}

倘若你第一次下厨，想不好做什么菜的话，那就鼓足勇气用鸡蛋吧！最多只要十分钟，美味就可上桌。

炒蛋

工具：

小碗，叉子，平底锅，木铲

配料：

3—4枚鸡蛋，2—3汤匙牛奶，少许盐，胡椒和肉豆蔻，1茶匙油，1茶匙黄油，4片涂有黄油的面包，香葱

1 > 将鸡蛋打散，将蛋液、牛奶以及香料一起放入碗中搅打。

2 > 将油和黄油倒入平底锅中加热。将搅打好的蛋液倒入锅中，并用木铲不停翻炒。2—3分钟后，炒鸡蛋就大功告成了。

3 > 在黄油面包上放上适量炒蛋和小葱末。

煎蛋

2> 荷包蛋配着面包吃，味道可口。

◎ 工具：

平底锅，锅铲

◎ 配料：

2枚鸡蛋，1茶匙油，1茶匙黄油

1 > 将油和黄油倒入平底锅中加热，敲开鸡蛋，将其滑入锅中。将鸡蛋煎至你最喜欢的程度。

芥末鸡蛋

◎ 工具：

锅，木铲

◎ 配料：

煮熟（8—10分钟）并去壳的鸡蛋，4—5汤匙芥末（视辛辣程度而定），1杯奶油，少许糖，也可准备少许牛奶

2 > 芥末酱和盐水煮土豆配上煮鸡蛋，大功告成。

1 > 将芥末和奶油倒入锅中，文火慢慢加热，加热过程中要不停地搅拌。加糖调味。倘若酱汁过于浓稠的话，就把火调小或根据需要掺入适量牛奶。

面粉

做一手好糕点根本不是什么难事。最重要的配料就是耐心！加入酵母的面团（详见第110页）需要时间来发酵，用黄油、糖和鸡蛋等和成的面团在进一步加工前放入冰箱中静置更好。只有当底层的面变结实时，才能把煎饼翻个个儿。等待是值得的！快来试一试吧！

煎饼

工具：

大碗，手持搅拌器，平底锅，汤勺，锅铲

两张煎饼的配料：

2枚鸡蛋，4—5汤匙面粉，2—3汤匙牛奶，1茶匙油，1茶匙黄油，少许盐

> 除油以及黄油外，把所有配料放在一起，搅拌成浓稠状的面糊。将油和黄油倒入平底锅中加热。油不要太多。用汤勺舀适量搅拌好的面糊倒入锅中，面糊的量以恰好盖住锅底为宜。2—3分钟后，将煎饼翻个儿，再煎一会儿就可以出锅了。

再难一点儿？甜味煎饼：将苹果块放入其中一块煎，并用肉桂以及糖调味。咸味煎饼：把菠菜煮熟，并与奶酪混合，均匀涂抹在煎好的煎饼上，然后折叠。

杯子蛋糕

◎ 工具：

大碗，打蛋器或手持搅拌器（首选），量杯，12个松饼杯或者耐火的杯子，2个汤匙

◎ 配料：

150克软黄油，100克糖，1小包香草糖，3枚鸡蛋，175克面粉，2茶匙发酵粉，1/4茶匙盐

1 > 将软黄油倒入大碗中，先用手持搅拌器低档搅拌，后用中档搅拌至起泡。放入糖和香草糖，继续搅拌一分钟。依次打入鸡蛋，搅拌30秒。

2 > 将面粉和发酵粉混合，加入盐，将手持搅拌器调至低档搅拌。

3 > 将黄油涂抹在松饼杯上，并撒上少许面粉。

4 > 把面团放入模具中，注意面团只能填至模具的一半！

5 > 烤箱上下火175℃烘烤。不要开热风功能，因为这样会让杯子蛋糕变得歪歪扭扭。

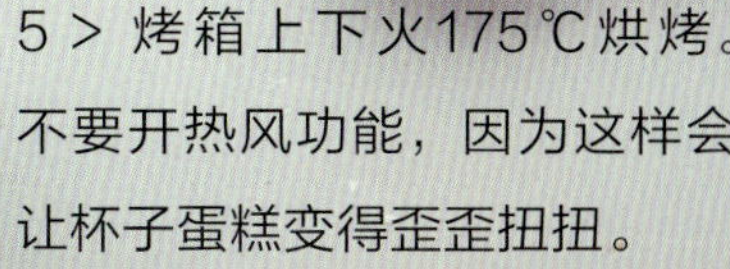

再难一点儿？ *用水果、糖霜和彩色糖豆点缀一下小糕点。*

面坯

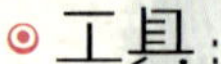

工具：

料理台，擀面杖，保鲜膜，锋利的刀子，直径26厘米的圆形馅饼模具。外加做咸味馅饼所需的工具：叉子，平底锅，大碗

配料：

300克面粉，200克切成丁的冷黄油，1枚鸡蛋。加工甜面团另需100克糖和一小撮盐；咸味面团则需要1/2茶匙盐

1 > 将面粉和盐（做甜面团的话还有糖）在料理台上彼此混合，放入黄油丁和鸡蛋，将所有东西初步揉制成面团。这时候面团里还有很多碎屑。接着将面团揉成一个表面光滑的圆球，并用保鲜膜包裹。在冰箱中冷藏20—30分钟。

2 > 将面团擀开，并填入抹过油的模具中。将烤箱预热至220℃。

3 > 将喜欢的馅料（见下页）撒到擀好的面饼上，放到烤炉中烤制20—30分钟。注意：在烤制过程中要注意观察面饼的情况。

法式蔬菜塔

再难一点儿？ *2—3根大葱（或者300克菠菜，或者2根西葫芦），2汤匙油，3枚鸡蛋，200毫升奶油，盐，胡椒，新磨好的肉豆蔻，150克磨碎的奶酪*

4 > 将葱清洗好后切成葱段。将油倒入平底锅中加热，然后放入葱段煸炒。把鸡蛋打入碗中，加入奶油后搅打、调味。将还冒着热气的葱花倒在擀好的面团上，并且将鸡蛋和奶油的混合物倒在上面。然后均匀撒上擦成碎末的奶酪。烘烤方法请参见上页的第三项。

salzig 咸的

süss 甜的

法式水果塔

再难一点儿？ *800克杏（或者梨、李子等水果），2汤匙红糖*

4 > 将水果切成丁后撒在面皮上，然后再撒上红糖。烘烤方法请参见上页的第三项。

{土 豆}

相信你已经吃过许多用不同的方法加工而成的土豆了，比如盐水煮土豆、炸薯条、土豆丸子、土豆煎饼、薯片等。事实上，没有哪种蔬菜可以像土豆一样用如此之多的方法烹调。接下来请你按照菜谱亲自尝试三种不同的土豆烹饪方法。

汤

工具：

土豆削皮刀，菜刀，锅，食品料理机

配料：

500克淀粉含量高的土豆，1/2升牛肉高汤或者蔬菜高汤，1头洋葱、1根胡萝卜、1棵葱（洋葱、胡萝卜和葱都要剁碎），1杯奶油，盐，胡椒

1 > 将土豆去皮、切块。然后放在汤中炖煮。将处理好的洋葱、胡萝卜和葱也放入汤中。当所有食材都煮熟后，加入1/3升开水和1杯奶油。

2 > 用食品料理机打成糊状。注意，溅起的液体非常烫！然后用盐和胡椒调味。

再难一点儿？你知道番茄酱是绝妙的增香剂吗？试着将一汤匙番茄酱掺入汤中，汤立马就会变得鲜美异常（详见第3页“鲜味”）。

盐水煮土豆

土豆在盐水中煮熟，过冷水，剥皮，稍微冷却后切成片。

工具：

锅，刀

配料：

500克脆土豆，盐

煎土豆

工具：

平底锅，锅铲

配料：

少许油，1头切碎的小洋葱，盐，胡椒

土豆沙拉

工具：

沙拉碗，打蛋器

配料：

1杯牛肉高汤或蔬菜高汤，1茶匙醋，2根切成片的小酸黄瓜，1头切成丁的洋葱，香葱段，1汤匙黄瓜汁，1茶匙芥末，1汤匙油，糖，胡椒，盐

在准备剥皮土豆时，将所有用来制作酱汁的配料都放入碗中，并用打蛋器用力搅打。趁土豆还温热的时候，将它们与沙拉酱搅拌在一起，调味。然后开始狼吞虎咽吧！

将前一天做好的盐水煮土豆切成片。将少量油倒入平底锅中加热，然后放入土豆片和洋葱丁，不停煸炒。加盐和胡椒调味。开吃吧！

{牛奶}

你可能早就知道，牛奶很容易煮糊。通过运用小窍门，你可以在做布丁时防止这种情况的发生：把牛奶倒入锅中，然后将糖均匀地撒入其中，并尽可能使其布满整个锅底。然后煮牛奶，不要搅拌。在牛奶的煮制过程中，将其他配料拌入剩余的牛奶中。

布丁

工具：

杯子，叉子，锅，打蛋器，碗

配料：

4汤匙淀粉，1个蛋黄（详见第134页鸡蛋的分离），一小撮盐，1/2升牛奶，1片香草荚，4汤匙糖

1 > 将淀粉、蛋黄和盐放入杯中混合在一起，并用5汤匙凉牛奶搅匀。纵向将香草荚剪开，将果肉刮出来，并与牛奶混合，剩下的壳与牛奶和糖放入锅内同煮。

2 > 将牛奶快速煮开，从灶上端下来。用打蛋器将淀粉的混合物拌入煮沸的牛奶中。然后重新放到灶上加热，煮一分钟。在煮制过程中要仔细搅拌。

3 > 倒入用冷水冲洗过的碗中，放置几小时使其冷却或者直接趁热吃。

覆盆子奶昔

工具：

食品料理机，大碗

配料：

1份牛奶（或水），1份酸奶，1份水果，糖

将牛奶或水与同等分量的原味酸奶，以及根据个人喜好选取的水果一起搅拌一分钟，并随个人口味调节甜度。

再难一点儿？ *即使你不太饿的时候，一杯酸奶混合饮料也是极具诱惑力的，在炎炎夏日尤其如此。你也可以不加糖，而是放上少许盐。这种方法制作的酸奶饮品在土耳其叫作艾然酸奶（Ayran）。*

再难一点儿？ *1/2块巧克力隔水融化（详见第138页）。融化后加25毫升掼奶油用打蛋器搅拌，直至变浓稠。均匀撒上刨成薄片的杏仁。*

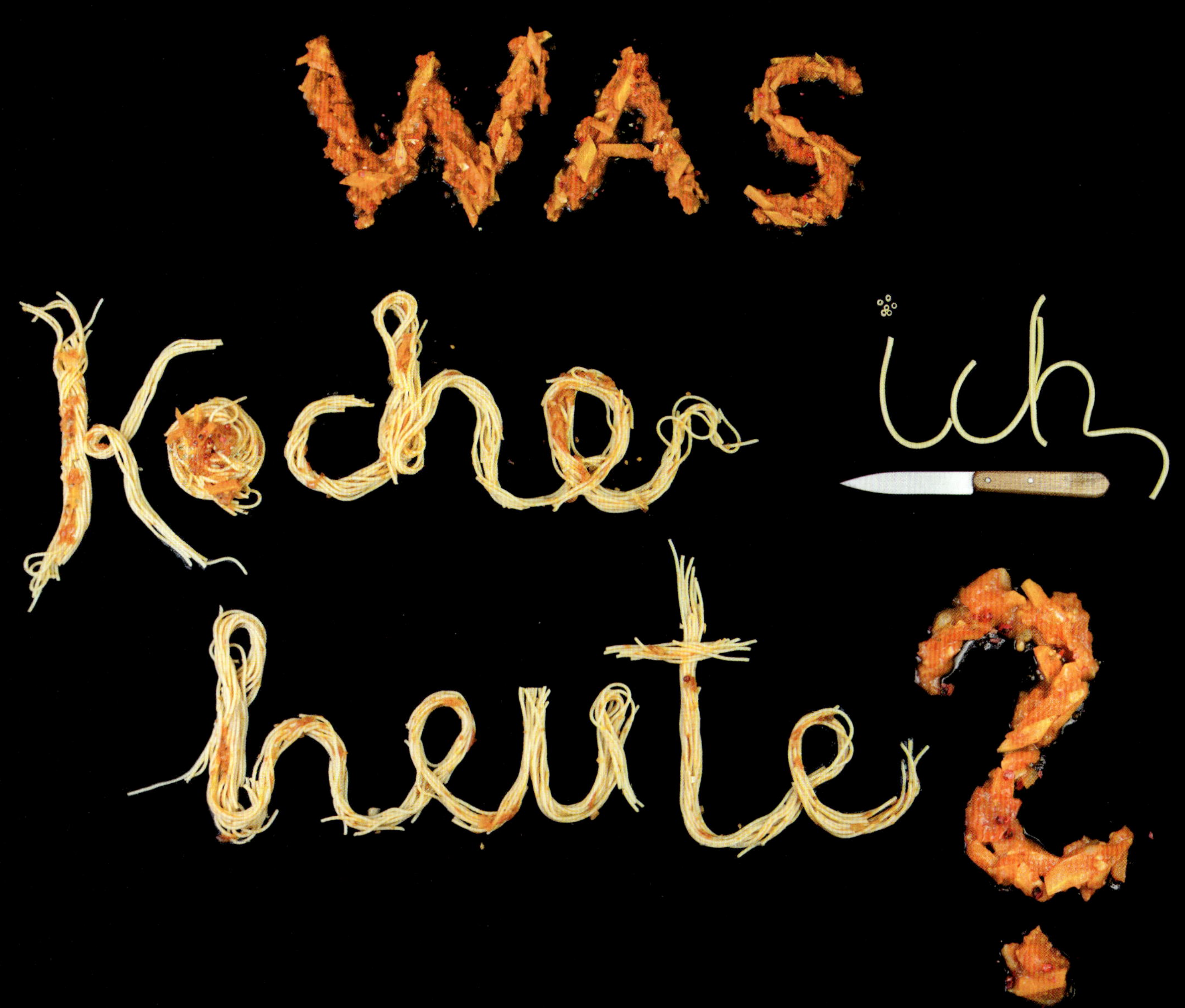

6. 今天吃什么？

我们每天都得吃饭。但是，因为心情、天气、季节以及其他一些事情并非天天一样，所以人们也不是一直对同一道菜都有胃口。在本章中你会找到应对各种情况的菜谱和好点子。

沙 拉

工具：

沙拉甩干机，沙拉碗，果酱瓶，汤匙，沙拉叉和沙拉勺

配料：

1棵你喜欢的沙拉菜，6汤匙油，2汤匙醋，2茶匙盐以及少许胡椒，也可以加适量糖

[清洗和脱水] 在凉水中仔细清洗菜叶，然后放在沙拉甩干机中脱水（图1—图3）。

[切 菜] 将菜叶掰成小块，所有其他配料也根据个人喜好切成小块（图4—图5），然后将所有食材都放入沙拉碗中。

[运 输] 假如你要带去野餐或学校的话，那就把沙拉和酱汁分开存放（图6—图7），在食用前再把两者混合。

[混 合] 将醋、油、盐、胡椒放入果酱瓶中，可能的话也可以加入适量的糖（图8）。将瓶子拧紧，摇晃。（详见第60页沙拉酱汁）

[搅 拌] 所有叶片都应该包裹上沙拉酱汁，但沙拉酱汁也不能太多，那样的话叶片会漂浮起来。所以，一开始少倒一些酱汁（图10），并仔细用沙拉勺和沙拉叉搅拌。有必要的话，重复上述步骤。

“我一直用大玻璃瓶储存沙拉酱汁！”

图拉，12岁

番茄意大利面

◎ 工具：

砧板，菜刀，平底锅，锅铲或木铲，大深锅，土豆捣杵

◎ 大约4杯酱汁的配料：

2千克番茄，1/4杯橄榄油，1小头洋葱，2—3个小蒜瓣，1/2根中等大小的胡萝卜，1/2根芹菜杆，1/2茶匙盐，外加一包意大利面

[做酱汁] 先将番茄去皮（详见第139页）（图1）。将洋葱、胡萝卜、芹菜以及大蒜都切成丁（图2—图6）。将橄榄油倒入平底锅中用中火加热（图7—图8）。接下来，将洋葱、胡萝卜、芹菜和大蒜放入锅中（图9—图11）。10分钟后加入处理好的番茄（图12）。短暂翻炒后，将火调小，文火慢煮30分钟（图13）。用捣杵捣成泥。

[做　面] 锅内加水烧开，加适量盐，放入面条（图14—图16）。倒入做好的酱汁（图17）。搅拌一下，上桌喽！

3
“我每次切洋葱的时候都
要戴着泳镜，否则我会
流满面的。”
玛丽·费，14岁

6
7
8
12
13
14

"意大利面从来都吃不腻，因为它造型百变。"

玛丽·费，14岁

小心：非常烫！

苹果酱

工具：

厨刀，木铲，深锅，土豆捣杵。可能的话还需要：苹果去核器，柠檬压榨器

配料：

1—2千克苹果（最好是酸苹果），1—2个柠檬，1—2汤匙加肉桂的糖

［准备工作］ 苹果去皮去果核（图1—图2）。去果核的时候，苹果去核器很方便（图3）！榨取柠檬汁（图4），并浇到切好的苹果片上（图5），这样苹果就不会变成褐色。

［熬焦糖］ 将糖倒入锅中加热融化，大约熬两分钟，直到糖稍微变为褐色（详见第135页）。

［煮 制］ 将切好的苹果片倒入糖中，将火调小。用木铲使劲搅拌（图7），直到熬制的焦糖从锅底上全部消失。注意，这个过程要非常快！盖上锅盖，继续煮苹果，直至苹果变得软烂。

［做苹果酱］ 用土豆捣杵将煮好的苹果捣成泥，最后用肉桂和糖调味（图8）。

“我经常用梨代替苹果。”

内奥米，11岁

接骨木糖浆

工具：

大玻璃碗，大盘子（当盖子用），锋利的刀子，砧板，滤网，漏斗，煮沸消毒过的密封罐或带螺旋盖的果酱瓶

配料：

6份刚刚采摘的接骨木花，1小包柠檬酸，2个有机柠檬，0.5升凉水，500克精白糖

[第一天] 在僻静的地方采摘新鲜的接骨木花（图1）。把花抖干净（图2）！把花从柄上摘下，放到碗里（图3），均匀地撒上柠檬酸粉（图4）。将柠檬清洗好，然后切成片，放入碗中（图5—图6），倒入水（图7—图9），用盖子盖住碗，静置一夜（图10）。

[第二天] 用滤网过滤（图11），过滤出的接骨木水盛放在另一个碗中，拌入糖（图12—图13）。将糖汁用盖子盖住，在室温下继续静置一天。

1

2

6

7

[第三天] 用漏斗将糖浆灌入瓶中（图14）。然后呢？品尝一下味道（图15），尽情饮用吧（图16—图17）！

3

4

5

8

9

10

11

12

13

15

16

17

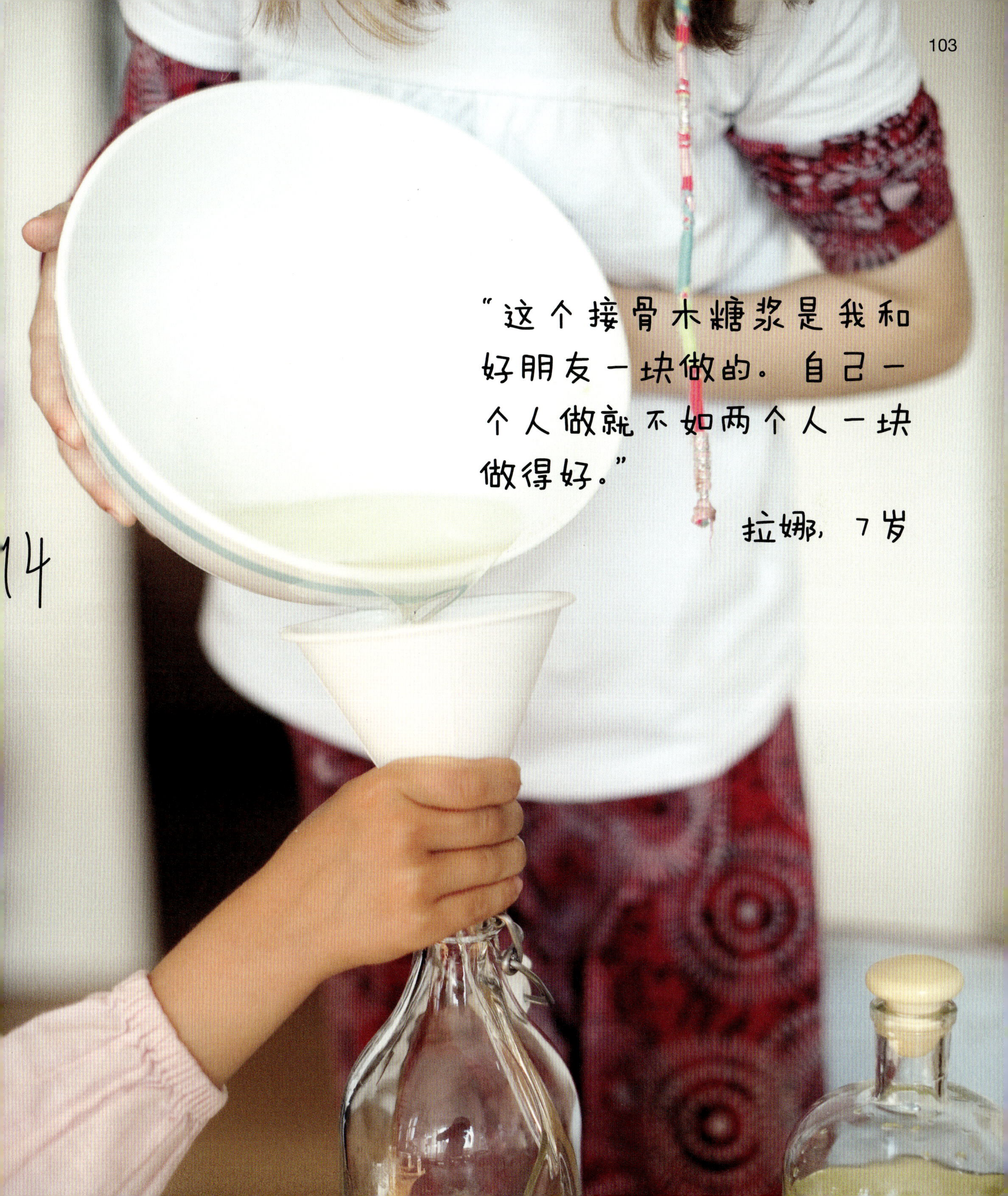
“这个接骨木糖浆是我和好朋友一块做的。自己一个人做就不如两个人一块做得好。”
拉娜，7岁

巧克力蛋糕

◎ **工具**：

直径为26厘米的圆形活动蛋糕模，烘焙刷，两个小碗，两个大碗，电动打蛋器，蒸锅，计时器

◎ **配料**：

4个鸡蛋，200克糖，100克黄油，200克黑巧克力，一小撮盐

［**预 热**］ 电烤箱：180℃ // 循环风烤箱：160℃ // 燃气烤炉：2档

［**准 备**］ 把圆形活动蛋糕模刷上油（图1）。将黄油和巧克力隔水融化（详见第138页）（图2—图4），冷却。

［**和 面**］ 将蛋黄和蛋清分别放入两个碗中（图5）。用打蛋器将蛋黄、糖和盐搅打成奶油状，直到发泡为原来的两倍（图6—图7）。仔细将巧克力混入其中（图8—图11）。彻底清洗打蛋器并擦干。在大碗中用打蛋器搅打蛋清（图12—图13）。待蛋清开始变黏稠后，撒下剩余的糖。继续搅打，直至蛋清打发起泡，小心地拌入巧克力混合物中（图14）。将面糊倒入蛋糕模具中（图15），用计时器定时35分钟。注意，计时器闹钟响前也要关注蛋糕的状态！待模具冷却一会儿后（图16），取出蛋糕（图17）。趁热吃（图18—图20）。

1

5

2
3
4
6
7
8

“谁烤了蛋糕，谁就应该把碗舔干净！”

图拉，12岁

12

13

14

18

19

20

华夫饼

工具：

大碗，电动打蛋器，华夫饼机，烘焙刷，汤勺，叉子，网格烤垫

大约10个华夫饼的配料：

100克糖，125克黄油或人造黄油，3枚鸡蛋，250克面粉，1小包发酵粉，1小包香草精，1杯牛奶（250毫升），刷模子用的黄油，细砂糖，食用色素（如有需要的话），掼奶油和新鲜浆果

［***和面团***］ 将糖倒入碗中（图1）。将黄油放在锅中融化，待其稍稍冷却后加入糖（图2），用电动搅拌器搅拌。打鸡蛋（图3），搅拌。在大碗中混合香草精、发酵粉和面粉。一勺一勺地混入搅打好的鸡蛋。搅拌两分钟（图4）。加入适量牛奶，使面团变稀（图4—图5）。可能的话，将和好的面团倒到多个碗中，并用食用色素染色（图6）。

［***烘　焙***］ 先将烘焙华夫饼机预热，模子表面涂刷上适量黄油（图7）。用汤勺将面糊舀到华夫饼机中。开始烘烤（图8—图9）。用叉子将烤好的华夫饼取出，放在网格烤垫上冷却。将细砂糖直接撒在烤好的华夫饼上。将华夫饼仔细装点一番，这会让人心情愉悦（图10）！

3

4

5

8

9

10

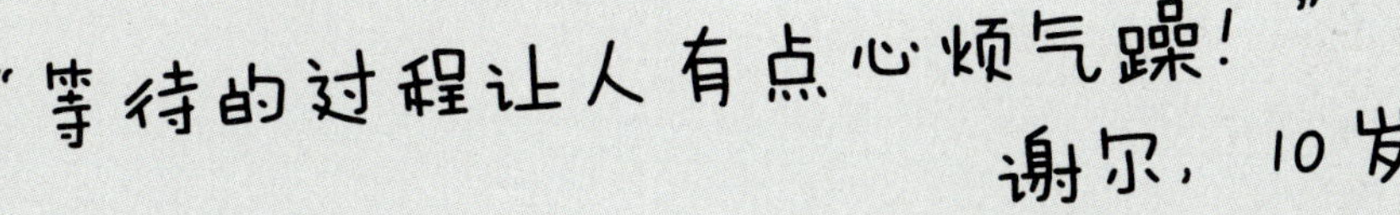
“等待的过程让人有点心烦气躁！”
谢尔，10岁

披萨

工具：

厨用秤，大碗，干布，汤匙，烤盘

4—6个小披萨的配料：

400克面粉，1小包干酵母或一小块新鲜酵母，1茶匙糖，1茶匙盐，200毫升温水，1汤匙油，150克樱桃番茄，2包马苏里拉奶酪

[预 热] 电烤箱：200℃ // 循环风烤箱：180℃ // 燃气烤炉：3档

[和 面] 称出所需面粉量（图1）。将酵母、糖和温水倒在碗中搅拌，直到糖和酵母都完全溶解（图2）。将盐、油和溶解的酵母都倒入面粉中（图3—图4），用力揉（图5）。将面团和成球形，用布盖住，放在暖和的地方饧60分钟（图6）。

[做披萨] 继续揉已经发酵好的面团（图7—图8）。然后将面团分成4—6个小面团。紧接着将它们放在烤盘上压平（图9）。将适量橄榄油倒在披萨饼坯上（图10—图11）。洗好手（图12），将对半切的番茄和马苏里拉奶酪均匀地撒在披萨上（图13—图14）。放在烤炉中间一层烤制大约25分钟（图15—图17）。

5
“我一直用冷水清洗沾满面的双手。这样面就不会那么黏。”
莱文，10岁

6
7
8
12
13
14

"我觉得烤披萨很有趣，因为它有点像做陶艺！"

莱文，10岁

德式鸡汤

◎ 工具：

两个深锅，菜刀，砧板，滤网，盘子

◎ 配料：

1只散养鸡，1茶匙盐和胡椒，2片月桂叶，1头洋葱，1把当佐料用的蔬菜，2—3根胡萝卜，200克意大利面，欧芹

［*准　备*］ 将鸡（图1）里里外外仔细清洗干净。将通常所说的“鸡臀尖”，也就是鸡尾部的脂肪腺（图3），用一把锋利的刀切掉，烹煮时不应该带着它。将处理好的鸡放在大锅里，凉水要完全没过整只鸡（图2）。往锅中加入整整一茶匙盐、少许胡椒、月桂叶以及对半切开但未去皮的洋葱。

［*清　洗*］ 紧接着要马上用温水和洗洁精仔细清洗所有接触过鸡的东西：刀、砧板、手……生鸡肉会携带致病菌（详见第135页“交叉污染”）！

［*烹　煮*］ 盖上锅盖后，放到灶台上，调到最大火力。水烧开后改用文火慢炖。

“洋葱皮有大用处，因为它能让汤变成金黄色！”

珍妮法，14岁

这是
鸡臀尖。

6

7

8

11

12

13

“冬天的时候，我总会冷藏一些鸡汤。当我伤风感冒的时候，它就是最好的药。”

珍妮法，14岁

[继续炖煮] 不要把锅盖盖得太严实，至少文火慢炖45分钟。

[把蔬菜切丁] 鸡汤中用作香料的蔬菜一般包括胡萝卜、葱、芹菜和欧芹根。将所有蔬菜清洗好，去皮，并切成不太小的丁或片（图6—图9）。将蔬菜丁放入汤中同煮。将两根胡萝卜切成薄片备用。将芹菜清洗好切细备用（图10）。

[大功告成] 鸡肉变软烂（你可以小心地用刀插一下）时，你可以用滤网把汤过滤到第二口锅里。煮烂的蔬菜（图13）和鸡肉仍放置在滤网中。鸡肉稍微冷却后从骨头上剔下来（图11—图12），切成小块。蔬菜绝对值得一尝，味道十分可口！

[调 味] 上桌前将汤与切成薄片的胡萝卜以及意大利面同煮几分钟。将肉也倒入其中，并仔细调味（图14）。根据个人喜好，可以往盛在盘子里的汤中撒一点切好的欧芹（图15）。

油煎肉丸

工具：

大碗，锋利的刀，砧板，平底锅，锅铲，盘子

配料：

1个干面包，500克有机肉糜（猪肉、牛肉或羊肉），1枚鸡蛋，1头洋葱，胡椒，盐，平底锅用的油

［*准 备*］ 将面包放在温水中泡软（图1）。几分钟后，将剩余的水沥掉，并挤出面包中多余的水分。面包越湿，油煎肉饼则会越软嫩！洋葱去皮，切成小丁（图2）。

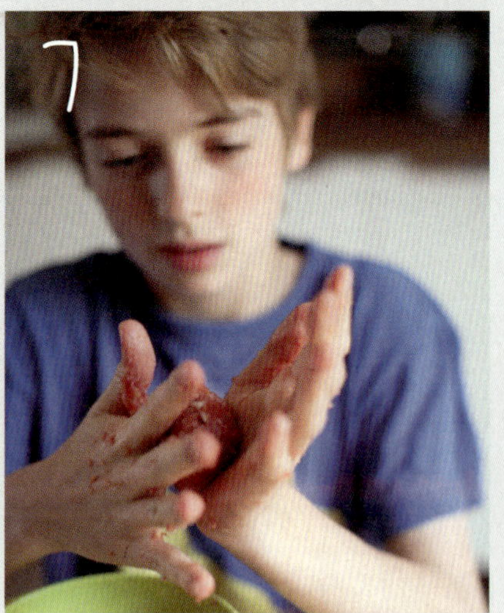

［*做肉丸*］ 将肉糜放入碗中（图3），然后打入鸡蛋（图4）。用干净的手将它们搅和在一块。然后将洋葱丁和处理好的面包均匀地混合进去。紧接着放入盐和胡椒调味（图5），再次充分混合（图6）。这些肉糜大概可以团成25个小肉丸子（图7）。将做好的肉丸子放在盘子上备用。

［*煎肉饼*］ 将油倒在平底锅中加热（图8），然后将肉丸放入锅中煎至外皮都呈深褐色（图9）。记得给自己留一个煎好的肉丸子（图10）！

“煎好第一个肉丸子之后，我就迫不及待地切开了。我想看看里面还生不生。”

阿托，12岁

烤薯条

工具：

毛刷，干布，削皮刀，锋利的刀子，砧板，深锅，油刷，焙烤盘

配料：

8个中等大小的脆土豆，橄榄油，海盐（或普通的盐），辣椒粉

[预 热] 电烤箱：220℃ // 循环风烤箱：190℃ // 燃气烤炉：3档

[准备工作] 在深锅中装上水备用。土豆用流水刷洗干净，接着用干布擦干，去皮（图1—图3），然后放入水中（图4），这样它就不会变成褐色。接下来将土豆切成很厚的条（图5—图6）。

[抹油和烘烤] 将切好的土豆条放在烤盘上，并且表面都刷上橄榄油。加盐（图7），均匀地撒上辣椒粉（图8）。将焙烤盘放入烤箱中，35—40分钟后将烤盘取出（图9）。当薯条看起来酥脆金黄的时候，烤薯条就正式完成了（图10）。

再难一点儿？*用红薯块、胡萝卜块和南瓜块代替土豆。撒上磨碎的帕尔马干酪。味道好极了！*

3

4

5

8

9

10

小扁豆汤

工具：

厨用秤，锋利的刀子，砧板，深锅，木铲

配料：

1头洋葱，1汤匙炒菜油，250克小红扁豆，425毫升番茄泥，1升蔬菜浓汤，盐，胡椒

［准备工作］ 洋葱切成精细的小丁（图1），然后放在锅中加油煸炒（图2），注意要不时搅动（图3）！

［煮汤］ 将小红扁豆（图4）和番茄泥（图5）都倒入锅中（图6）。将蔬菜浓汤块（图7）放入热水中溶化，将汤倒入锅中。煮开，然后把火调小，文火慢煮20分钟（图8）。用盐和胡椒调味——搞定！

再难一点儿？ *很多食材都与这一道汤相配，比如新鲜的罗勒叶、酸奶油、咖喱粉、新鲜的生姜、大蒜或者椰子汁等。还有头一天剩下的面包。将面包切成小丁，并放在干燥的平底锅中烘烤。人们将其称为"干煎面包丁"，经常把它放在汤中食用。*

“这道汤的所有配料，我们家随时都能找到。”

卢茨，15岁

奶汁烤土豆

工具：

削皮器，锋利的刀子，砧板，量杯，肉豆蔻研磨器，烤盘，打蛋器

配料：

大约1千克脆土豆，200毫升奶油，200毫升牛奶，1茶匙盐，少许胡椒和肉豆蔻，黄油

［预 热］ 电烤箱：220℃ // 循环风烤箱：180℃ // 燃气烤炉：3档

［准备工作］ 将土豆去皮（图1），并切成薄片（图2）。奶油和牛奶都倒入量杯中，往里面撒一些肉豆蔻粉（图3），再加盐和胡椒调味（图4）。将奶油和香料搅打在一起（图5），倒入烤盘。用少量黄油涂抹烤盘。先在烤盘上铺上一层土豆片，并倒上少许奶油混合物（图6）。然后再放一层土豆片（7）。就这样一层层地叠放，直到用完所有的配料。将烤盘放入烤箱中烤制大约45分钟，直至土豆片变得口感酥脆、颜色金黄。

再难一点儿？ *将一把奶酪和/或者杏仁片放在最后一层土豆片上。*

“我喜欢晚餐时吃这道菜。”

策姆，11岁

香葱蛋卷

工具：

碗，打蛋器，不粘锅，锅铲

两人份的香葱蛋卷的配料：

3枚鸡蛋，100毫升奶油，1汤匙黄油，盐，胡椒，细香葱

[准备工作] 将鸡蛋、奶油、胡椒在碗中用打蛋器充分搅拌，并用盐和胡椒调味（图1—图5）。

[开始煎蛋卷] 将黄油放入锅中用中火加热。黄油一冒泡就将搅打好的蛋液倒入锅中（一定要在旁边盯着）！搅拌一下平底锅中的蛋液（图6），这样可以使锅里各处蛋液均匀受热。稍等片刻，慢慢数到十就差不多了。

[让蛋卷成形] 现在让蛋液慢慢凝固。抓住锅把，来回摇晃平底锅，这样蛋液能够分布得更加均匀。等蛋卷成形后，就可以出锅放入盘中了。现在该做什么呢？切香葱（图7），将其均匀地撒在做好的蛋卷上，然后就享用美味吧（图8）！

“我从爷爷奶奶家的鸡舍里拿的鸡蛋，有些还是青壳的呢！”

莉莉，8岁

小心：非常烫！

李子酱

工具：

大深锅，毛刷，厨刀，多个煮沸消毒过的、带螺旋盖的玻璃瓶，木铲，茶托，汤匙

配料：

少许黄油，1千克李子，6汤匙糖，3—4汤匙肉桂粉

[采摘水果] 做果酱所需的水果当然可以是买来的，但自己动手采摘可以带来更多乐趣（图1—图2）。

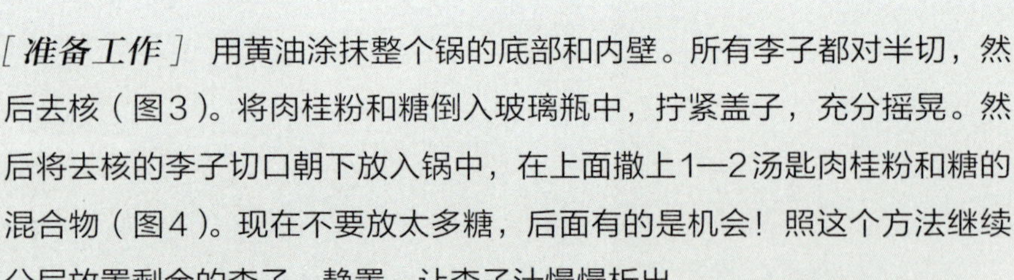

[准备工作] 用黄油涂抹整个锅的底部和内壁。所有李子都对半切，然后去核（图3）。将肉桂粉和糖倒入玻璃瓶中，拧紧盖子，充分摇晃。然后将去核的李子切口朝下放入锅中，在上面撒上1—2汤匙肉桂粉和糖的混合物（图4）。现在不要放太多糖，后面有的是机会！照这个方法继续分层放置剩余的李子。静置，让李子汁慢慢析出。

[煮制] 接下来将锅放在灶上用中火加热。这时候不要搅拌，然后将火调小，加盖文火慢煮2—3小时。加热时间视李子的量而定。时不时闻一闻，千万不要煮糊了！当李子全部煮成泥后，揭去锅盖，稍微调大火力，以便让水分蒸发掉一些。果酱一旦变浓稠，就把火力再次调小。现在就可以用木铲搅拌了（图5）。

[装瓶] 当你感觉李子酱足够黏稠的时候，就可以装入煮沸消毒过的玻璃瓶中了（图6—图7），然后拧上瓶盖（图8）。小心烫伤！静置约15分钟（图9），现在再次拧紧瓶盖，并让它们完全冷却。

“哪些地方可以采摘水果呢？
上网找一找吧。”

安妮，13岁

WIE werde ich Küchen-PROFI?

7. 怎样变成厨艺高手？

所有的建议和小窍门都说明同一个问题：它们实际上都相当简单。可惜的是，很多人都不知道这些诀窍。这么一来，烹饪就变得复杂多了。本章的厨房入门小知识就是让你知道，怎样更好地完成特定的操作步骤。

:: 香料 ::

香味被认为是一种特殊的味道或者气味。在烹饪时用香料的目的，就是让美味的食物变得更加美味。糖就是一个很经典的例子。在糖中混合进香料后，尝起来就不仅仅只有甜味了，而且还有其他更多的味道，比如花香馥郁的香草味。尝试一下：取一个能够密封的玻璃瓶，这样能够确保香气不会跑出来。倒入糖，并插入刮去果肉的香草荚。这样处理过的糖你可以用在所有甜味的菜肴以及糕点中。当香草糖用完后，可以直接往瓶中加入新的糖，香草的香味还能在瓶中持续很久。

还有一个秘方：柠檬胡椒粉。削取两个柠檬的薄皮，注意只要黄色部分。将它们挂在厨房里晾干，然后切碎，连同胡椒粒一起研磨成粉末。

:: 烤箱 ::

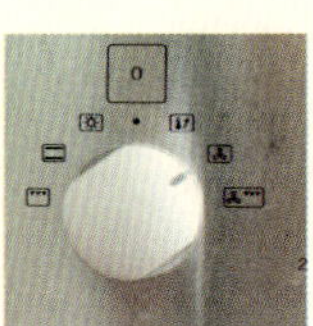

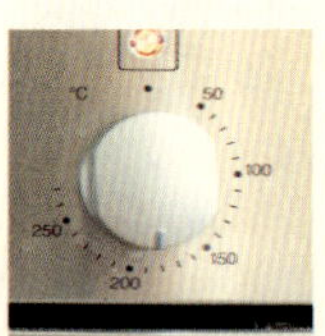

你会发现菜谱中有许多关于烤箱的描述——下层火、上层火、循环风、燃气式等。这给你提供了多种不同的烘焙选择。燃气烤炉操作比较复杂，结果也往往不尽如人意，因为它的火力分布不均匀。而用电烤箱就只需要分清楚上层火、下层火或者循环风。通常情况下，这几种加热方式都可以。只有在烘焙加了酵母的糕点时，介于180℃和 200℃之间的上下火最好。其他糕点用160℃到180℃之间的循环风烘烤即可。

关键词——预热。预热能够让人更精确地确定烘烤时长。因为烤箱并不是所有地方都同时快速变热的。烤箱是否预热好了，这通常可以从旋转按钮旁边的小灯看出来：一旦炉内温度达到了设定温度，灯就灭了。

:: 烤盘 ::

接下来准备烤盘，方便烘烤完后脱模。先用毛刷蘸少许黄油或人造黄油仔细涂抹烤盘内表面。将1—2汤匙面粉撒入烤盘中，然后旋转烤盘，使面粉均匀分布。你还可以敲击烤盘的边缘或者底部，以便面粉能够更好地分散在烤盘中。如果烤盘中所有地方都被面粉覆盖住了，但还有一些多余的面粉，怎么办呢？倒入垃圾桶中即可。

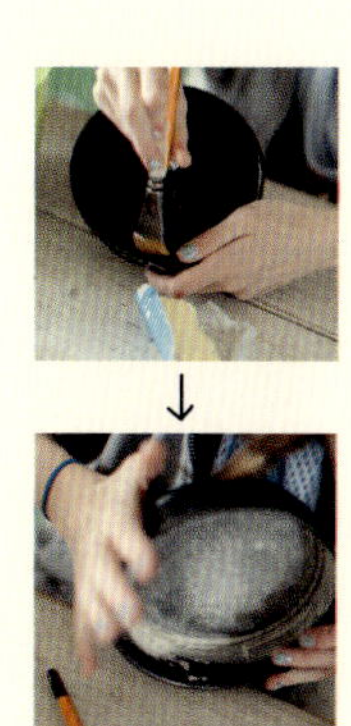

↓

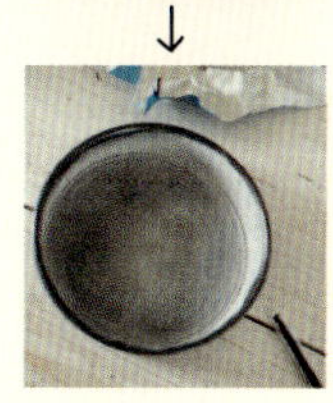

:: 焖 ::

焖就是用尽可能少的汤水或油将食物做熟，但不会使其焦糊的烹调方法。这种方法特别有助于保存食物的维生素和营养物质。此外，用这种方法烹煮的食物也特别美味：添加的水越少，食材本身的风味就越浓郁。这种做法特别适合烹制蔬菜和鱼等含水量高的食材。在焖煮时一般都要盖紧锅盖，同时要用文火。

:: 煎 ::

人们把食物在热油中快速脱水的过程，称为“煎”。黄油、普通食用油以及无水黄油都可以作为煎制用油。

黄油味道特别棒，但极易燃烧。所以，要将其放入凉的平底锅中缓慢加热。同时要晃动平底锅，这样黄油才能均匀地分布在锅底。等黄油一冒泡，就要及时加入需要煎的食材。

普通食用油和无水黄油比黄油更适合煎食物。因为这两种油脂不会很快就开始冒烟。锅内出现小波纹时，说明油温已经达到煎制食物所需温度了。

:: 盖锅盖 ::

令人惊讶的是，烹饪时使用锅盖也有众多诀窍。对于初学者来说，你只要注意最重要的两点就足够了：

在烹饪时尽可能少掀锅盖，因为热量会流失掉。

对于面条等特别容易沸溢的食材，烹煮时把铲子夹在锅和锅盖之间就万无一失了。

:: 冷 冻 ::

冷冻只有一个目的：延缓食材腐败的过程，但想完全阻止这一过程是不可能的。所以在冷冻前，要在冷冻物上贴上一个标有日期的标签。这样你每次都能目标明确地先取用已经存放了较长时间的食材。

注意：已经完全解冻或者略微解冻的食材绝不允许再次冷冻。而食材被加工成熟食后可以再次冷冻，因为，新的细菌已经被消灭。

:: 奶 酪 ::

又叫乳酪、芝士、起司等。奶酪可以分为上百种，并且乳源多样，牛奶、水牛奶、山羊奶以及绵羊奶都可以用来做奶酪。加工方法不一样，决定了它们的形状、口感及味道都各不相同。书中提到了以下几种奶酪：

◇ 帕尔马干酪：这种奶酪来自意大利，非常硬，呈淡黄色，有强烈的气味，经常擦成丝洒在意大利面上。

◇ 菲达奶酪：这是希腊最有名的奶酪，多数用绵羊奶做成，质地柔软，可以用来拌沙拉或作为前菜。

◇ 马苏里拉奶酪：它也产自意大利，和帕尔马干酪不同，马苏里拉奶酪非常柔软，而且气味很淡。它可以当作前菜，也可以用来做蛋糕或披萨。

◇ 夸克奶酪：在德国、奥地利、瑞士等国家经常可以见到这种奶酪，它看起来很像酸奶，可以加入香辛植物进行调味，然后涂抹在面包片上。

◇ 奶油奶酪：是一种未成熟的奶酪，质地绵软，烘焙中经常会用到它。

:: 分离蛋黄和蛋清 ::

准备两个小碗。用没有棱角的物体，把鸡蛋在桌面上磕破就行。不用担心，蛋液不会流出来的。这样做的好处是，不会有碎鸡蛋壳混入蛋清中，不然的话你还得想办法把它们捞出来。

接着用双手拿起鸡蛋，从破裂处用大拇指小心地分开。用其中一半蛋壳接住蛋黄，同时让蛋清流入碗中。然后小心地将蛋黄反复在两个蛋壳中交换，好让剩余的蛋清滴入碗中。这一步完成了吗？下面把蛋黄倒入第二个碗中就好。

:: 蛋清打发成泡沫 ::

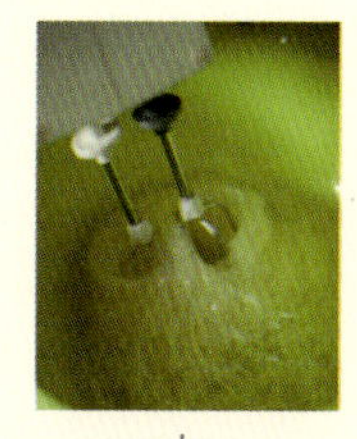

↓

有一点蛋黄滴在了蛋清中，这可以吗？绝对不可以！因为混入蛋黄的蛋清就不能打发了。同样，如果碗有点油腻的话，也不能打发了。只要避免上述两种情况，就能顺利打发蛋清。快尝试一下吧！注意打蛋器不能碰到碗，否则打发的泡沫会整个倾塌。

:: 熟了吗？ ::

食物通过不断聚集的热量被改变，于是便可食用或能长期保存，人们就称为“熟了”。这个过程自然有众多化学反应参与其中：加热让食物变得更松软，让蛋清凝结，让生硬的东西变得软糯。

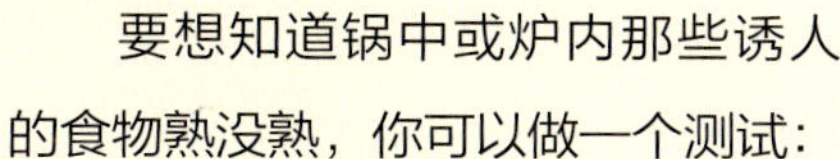

要想知道锅中或炉内那些诱人的食物熟没熟，你可以做一个测试：

水果和蔬菜 用刀或叉子小心地戳进去。很容易就戳进去的话，意味着大功告成。如果叉子很难插进去，那就还需再加热几分钟。然后再重复上述检验方法。

糕点 这里不用叉子检验，而是用小木棍来代替，比如牙签等。如果没有面团粘在上面的话，就说明糕点做好了。

:: 做焦糖 ::

如果干燥的糖被高温加热，就会液化。人们将其称为“焦糖化反应”。当液化的糖慢慢上色的时候，会散发出坚果一般的香味。人们也可以加上水果（详见第98页苹果酱）。这就需要在一口大锅里加热糖，并且要不停地搅拌，直至它变成褐色的液体。搅拌的时候最好用木铲。要注意，液化后的糖浆非常烫，而且能够引燃！在整个过程中，一定要有大人在一旁协助！

:: 交叉污染 ::

这是一个有难度的词，但很重要：当你加工红肉或鱼时，细菌就会附着在砧板和刀具上，而这两件工具无论如何肯定会和其他食物接触。如果它们和其他菜肴接触了，这个过程就被称为“交叉污染”。所以，砧板和菜刀在使用后，要用热水和洗洁精全面彻底地清洗。

:: 研 磨 ::

胡椒研磨器（详见第47页的厨具篇）是每个厨房的必备之物。你知道有些胡椒研磨器在顺时针旋转时，会研磨出精细的胡椒粉，在逆时针旋转时会研磨出粗糙的胡椒粉吗？

:: 果酱熬好了吗？ ::

在熬果酱时，从锅中挖半茶匙果酱出来，放到凉的盘子上。果酱在冷却后还是流质吗？如果还是的话，那就需要继续熬煮。只有当果酱在冷却后不再呈流质，而是固态的泥时，果酱才算熬好了。

:: 削胡萝卜皮 ::

当人们把胡萝卜（见第74—77页的菜谱）的根削掉，然后将其倾斜竖立在砧板上时，去皮就会很快。用手扶好，这样胡萝卜在削皮过程中能够保持稳定。削皮刀（详见第47页工具篇）在快速移动中，可以削出平长的条状物。在削皮的时候先选择好方向，这样削皮从一开始就变得更容易。要么从胡萝卜头往下，要么从下往上。试一试，看看哪种方式更方便。当你感觉足够有把握时，你可以来来回回地削皮，这样效率也会更高。

:: 研钵或臼 ::

研钵是用木材、瓷土、陶土或黏土做的内壁厚而光滑的结实的碗状器皿。研磨用的棍棒称为研杵，通常与研钵材质相同。用研钵可以将香料或植物的某一部分捣碎。臼与研钵相比，表面比较粗糙。

左边图片所展示的就是一件用陶土做的日式擂钵。它不同于其他研钵的地方就在于，它的表面加工出了凹槽。举例说，这样就可以非常容易地将芝麻和盐一块研碎了。日本将这种芝麻和盐的混合物称为“芝麻盐”（Gomasio）。如果喜欢芝麻的话，试着用芝麻盐做蔬菜或沙拉吧，它的味道美妙无比。

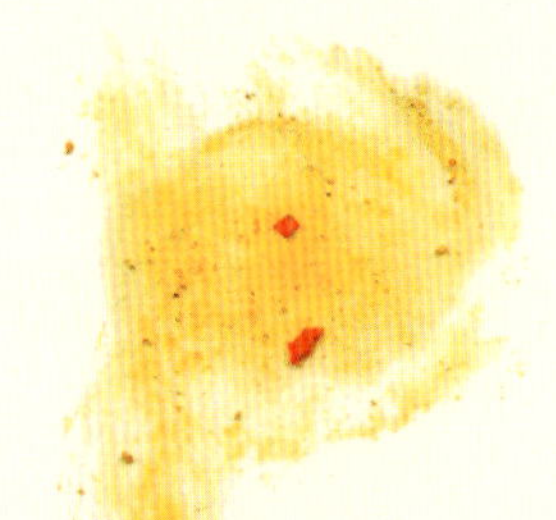

:: 过 滤 ::

当人们把流质食物或酱汁通过滤网过滤，或用布挤压时，这个过程被称为“过滤”。过滤的目的就在于将固体部分保留在滤网中或者附着在布中，而不至于进入汁水中，比如做意大利面酱时要过滤番茄芯。

:: 打 泥 ::

如果人们想把汤或者酱汁丰富的菜肴做成细腻的浓汤（请参加第24、74、84页的内容），这时候最好用食物料理机或者手持搅拌器。如果你想更容易地把蔬菜或者土豆做成泥的话，土豆捣杵是更得心应手的工具（详见第47页）。

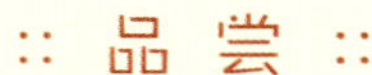

:: 品 尝 ::

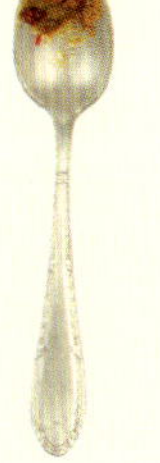

烹饪过程中尝味是必不可少的。在尝味过程中，你不需要一直换汤匙，也不需要频繁地清洗汤匙。你只需要准备一个小碟子，把品尝用的汤匙放在上面，能随时取用即可。

:: 烘 烤 ::

德语中“烤”（rösten）这个词实际上源自“放在炉架（Rost）上煎烤”。它现在的意思是，在不用油脂的情况下，将植物性食品进行翻炒烘烤。在烤的过程中，食物失去了其中的水分，这也让它们的味道发生了改变，而且随着烘烤程度的不同，食物的颜色也变得越来越深。你肯定早已亲自烘烤过吐司面包了吧（详见第63页）！现在再试着烘烤一些植物果核或籽（第28页的建议中提到过哦）吧！烘烤它们时最好用不粘锅，而且不要放油。在烘烤过程中要仔细翻锅，直到坚果变成金黄色，紧接着将它们盛放在盘子中冷却。它们将成为沙拉中的点睛之笔！

:: 搅 拌 ::

在烹煮时需要经常搅拌。烹饪专家介绍了一种8字形搅拌方法，就是用勺子或者打蛋器在深锅中画8字。为什么要这样呢？因为通过这种方法能使各种配料均匀地混合在一起。在做果酱时试试这种方法吧：先一圈圈地搅拌，然后按左边图片所示依次轮换着画竖着的和横着的8。怎么样，你看到其中的差别了吗？

:: 融化巧克力 ::

如果你长时间将巧克力攥在手里的话，自然能够将其融化。但烹饪专家却是在蒸锅中融化巧克力的。你需要：

◇一口大深锅

◇水

◇能够架在大锅上的一口小锅（或金属碗）

现在就开始吧！往大锅中倒入适量水，并加热。将小锅或金属碗架在大锅上（同时要注意：小锅不能接触水面，否则巧克力就会因为温度过高变成巧克力糊，而不是我们需要的奶油状的酱汁）。

将巧克力掰成小块，放入小碗中（注意：不要让巧克力遇水，否则它很快会凝结成块！）。很多菜谱中都会建议加少许黄油。让巧克力慢慢融化，同时非常轻柔地搅拌。等巧克力一融化，就可以进行进一步加工了。

:: 厨房中的安全事宜 ::

切蔬菜 如果不小心的话，切菜过程中你的手指会一直处于危险之中。所以，你需要像专业厨师那样做：如果你惯用右手，就用左手固定住蔬菜，而且手指要稍微蜷缩起来。左手的节骨轻轻抵住刀背，用以控制切下来的蔬菜的长度或菜丁的厚度。如果你是左撇子的话，那反过来就是了。

平底锅和深锅的锅把手 绝对不要紧贴着灶台边缘站立！否则，非常容易将锅碰翻，使锅内很烫的食物倾倒出来，同时也很容易将自己烧伤。除此之外，也要注意不要让锅把手超出灶台边缘。

刀 刀在使用后，要及时放回原来存放的位置。将刀放在洗碗水中或与餐具混放在水槽中，是一件非常危险的事情，一不小心就会割伤自己。

刀把 刀把必须保持清洁，上面不能有油，这样才不容易滑。

:: 计 时 ::

在烘焙糕点时首先要准备一个计时器。你要根据菜谱中要求的时间进行设定。最好不要忘记，即使你很有时间感，也是很容易忘记时间的。如果因为这个原因糕点烤焦了（或早餐吃的鸡蛋太硬），就太遗憾了。

:: 番茄去皮 ::

制作番茄酱（详见第94页）的时候，必须给新鲜的番茄去皮。为此你需要：

◇ 番茄刀

◇ 深锅

◇ 热水壶

◇ 水

那就开始吧！用番茄刀在番茄上打十字花刀，然后将其放进锅中。用热水壶烧将近1升水，然后将开水浇到番茄上。约30秒后将水倒掉，让番茄冷却一下。然后你就可以很轻松地用刀给番茄剥皮了。

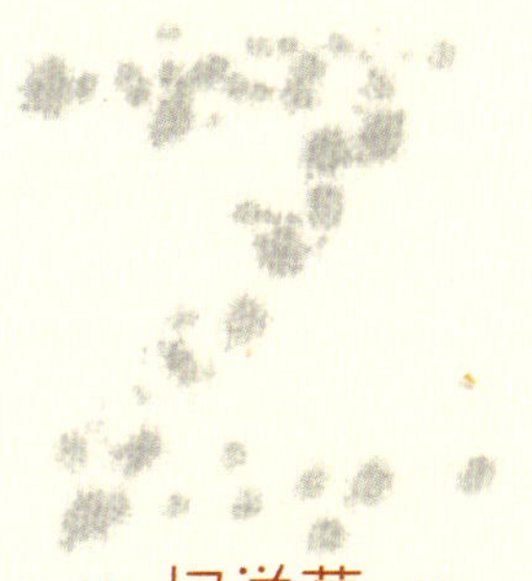

:: 切洋葱 ::

要想切出很均匀的小洋葱丁，并不是什么难事。重要的是，刀必须很锋利。将去皮的洋葱对半切，然后切面朝下放在砧板上。然后沿纵向切成不太薄的片。这个时候要用大拇指和食指一起固定住洋葱。接下来沿横向将洋葱片切成你想要的精细程度。在这个过程中，洋葱会自动分离成丁的。

在切洋葱时，有很多窍门可以防止眼睛流泪。你可以全都尝试一遍，找出最适合你的那种方法：

◇ 戴潜水镜。

◇ 洋葱在去皮后、切之前用冷水清洗。

◇ 将洋葱放在冰箱中冷藏一会儿，然后趁凉切。

◇ 在切洋葱之前，嘴里含上一口水。当你切完后，再将水咽下。

◇ 不用鼻子，改用嘴吸气、呼气。

致 谢

为什么人们常说“厨子多了熬糊粥”呢？就这本和美味有关的书而言，情况却恰恰相反。许多有趣而善良的人无私贡献出他们的意见和建议，使该书变得有趣有益。所以，在此向所有为本书作出贡献的人献上三星，并致以无以言表的谢意！

感谢图拉（Tula）、玛丽·费（Marie Fee）、内奥米（Noemi）、拉娜（Rana）、谢尔（Kjell）、莱文（Levin）、珍妮法（Jennifa）、阿托（Arto）、西丽（Siri）、卢茨（Luzy）、策姆（Cem）、莉莉（Lilli）、保罗（Paul）以及汉诺（Hanno）。他们不厌其烦地切菜、搅拌、煎炸。他们就好比是这份“菜谱浓汤”中的盐。

感谢那些把厨房慷慨地借给我们的家庭！感谢所有尝试新菜谱并用自己的意见和建议丰富新菜谱的家庭！

感谢特克拉·埃林（Thekla Ehling）提供了那些卓越的带有照片的菜谱！

感谢彼得拉·施托克豪森（Petra Stockhausen）于百忙之中提供的“厨房实验室”一章中的精美图片！

感谢卡特琳·塞巴斯蒂安（Kathrin Sebastian）！她提出了许多关于菜谱的聪明的建议，并给予我们大力支持。

感谢克里斯蒂娜·布拉施（Christine Brasch）为本书的词句进行润色！

感谢安妮·拉赫穆特（Anne Lachmuth）的校阅和精心的评注。

感谢丽萨·施魏策尔（Lisa Schweizer）、安娜-莱娜·席勒（Anna-Lena Schiller）以及弗洛里安·拜尔（Florian Bayer）对相关图表问题的解答。

感谢格蕾娜·格罗特里安-施泰因韦格（Gesine Grotrian-Steinweg）在“我今天烹饪什么？”这一章节中对图表工作的大力支持！

感谢贝阿特丽策·瓦利斯（Beatrice Wallis）在处理那些还不成熟的地方时所付出的信任和耐心！

感谢苏珊娜·科佩（Susanne Koppe）无数次校阅本书中与数字及条目相关的问题。

感谢伊丽莎白·特里佩（Elisabeth Trippe）精心烹调了那些能够慰藉人的身心的午餐和最好的苹果煎饼！

感谢霍斯特·特里佩（Horst Trippe）和克里斯塔·特里佩（Christa Trippe）耐心完成与大蒜、加芥末的鱼以及调味沙司等有关的众多烹饪试验。它们激发了当年还是孩童的安珂对美食的兴趣。

感谢贝蓓尔·迈沃姆（Bärbel Maiwurm）和贝恩德·里纳曼（Bernd Rienermann）调制出了令人难以置信的意大利面酱。他们亲手制作的美味让本书作者丽萨很早就发现，绿叶蔬菜也非常美味。

感谢弗雷尔克·海兹（Freerk Heinz）精确揭示了那些繁难的化学关系，感谢他对所有照片进行了精心的后期制作，感谢他对众多美食的烹饪工作的参与——没有这些美食的话，丽萨估计要饿昏过去了！

什么东西合你们的口味？

与安珂·莱茨根和丽萨·里纳曼在桌边对话：

你最喜欢的食物是什么？

丽萨：所有有羊奶酪的食物。安珂：各种各样的汤。

你九岁时最喜欢的食物是什么？

丽萨：我祖母做的覆盆子果酱布丁。

安珂：苹果煎饼和牛奶甜饭。这两道菜都要加肉桂和糖。

你童年时一次重要的饮食经历是怎么样的呢？

丽萨：我七岁的时候突然发现，在我最喜欢的意大利面酱中不只有胡萝卜，而且还有红甜菜和芹菜。红甜菜和芹菜正是我当年不太喜欢吃的食物。之后更是如此了。

安珂：那时我觉得，做菜太难了，只有大人才能做。但这突然在我上三年级时得到了改变。那时我的好朋友丽安娜说："我给大家煮面条吃！"我们当时配的是调味沙司，而没用酱汁，但我觉得格外好吃，于是我突然豁然开朗：没有什么比我们自己做的食物更美味。

当你还是孩子时，什么东西你完全不喜欢？

丽萨：孢子甘蓝和茄子。

安珂：动物肝脏和啤酒的气味。

你现在喜欢它们吗？

丽萨：我现在仍然不喜欢孢子甘蓝。茄子倒挺喜欢的。

安珂：还是一点都不喜欢！

你最新的烹饪发现是什么呢？

丽萨：自制香草布丁原来是如此简单，同时又如此如此美味（详见第88页）。

安珂：在夏天的时候把冻成丁的橄榄油放入加柠檬胡椒粉的冷蔬菜汤中特别好吃。

图书在版编目（CIP）数据
发现味觉：吃成科学家 /（德）安珂·莱茨根 著；（德）丽萨·里纳曼 绘；李强实 译. -- 南京：译林出版社，2019.4
（小发现者系列）
ISBN 978-7-5447-7643-1

Ⅰ. ①发… Ⅱ. ①安… ②丽… ③李… Ⅲ. ①科学知识—青少年读物 Ⅳ. ①Z228.2

中国版本图书馆CIP数据核字(2019)第004508号

著作权合同登记号　图字：10-2018-021号

发现味觉：吃成科学家　[德] 安珂·莱茨根/著　[德] 丽萨·里纳曼/绘　李强实/译

责任编辑　张海波
特约编辑　孙　艺
装帧设计　优　昙
责任校对　邹艳霞
责任印制　单　莉

原文出版　Beltz & Gelberg, 2012
出版发行　译林出版社
地　　址　南京市湖南路 1 号 A 楼
邮　　箱　yilin@yilin.com
网　　址　www.yilin.com
市场热线　025-86633278
排　　版　北京视通嘉业国际文化传媒有限公司
印　　刷　恒美印务（广州）有限公司
开　　本　889毫米 × 1194毫米 1/16
印　　张　9.25
版　　次　2019年4月第1版　2019年4月第1次印刷
书　　号　ISBN 978-7-5447-7643-1
定　　价　75.00元